Musikus

Lehrbuch für die Grundschule

1|2

Herausgeber:
Wilfried Behrendt, Irmgard Krauthoff, Hans Vogel

Autoren:
Wilfried Behrendt
Katalin Dröse
Manfred Kluger
Irmgard Krauthoff
Hans Vogel
unter Mitarbeit von Irina Schilling
(Tanz und Bewegung)

Illustrationen: Linde Detlefsen

Volk und Wissen Verlag GmbH

2 Inhaltsverzeichnis

Seite

4 Ein Hörspaziergang

6 Schön soll es klingen, wenn wir singen

7 Wir tanzen Labata/Grundschlag

8 Spannenlanger Hansel

9 Lang – kurz

10 Unsere Instrumente/ Klänge und Klangzeichen

12 Unterschiedliche Bewegungen

14 Locker singen/Lautbildung

15 Richtig atmen

16 Stimmspiele

18 Gehen zur Musik/Grundbewegungen

19 Ein kleines graues Eselchen/ spielerisches Gestalten

20 Überall Musik

21 Blockflöte – Gitarre

22 Von morgens bis abends/ Singen, Hören, Improvisieren

23 So ein Wetter!/ Musizieren nach Klangzeichen

24 Höher – tiefer/Glockenspiel, Xylophon, Metallophon

25 Alle – einer/Musizieren, Improvisieren

26 Gehen – laufen/ Viertel- und Achtelnoten

28 A – E – I – O – U/Lautbildung

30 Musik mit Pausen/Viertelpause

Seite

31 Sieben kleine Bären/Zweiertakt

32 Ein Spaziergang/ Musizieren nach Bildern

33 Ein Jahreszeitenkonzert/Improvisieren

34 Geige – Trompete

35 Solo – Chor

36 Rhythmusbausteine

38 Langsamer – schneller/ Tempoveränderung

40 Der Verkehr hat drei Gesichter/ Instrumente aus der Kramkiste

41 Aufwärts – abwärts – gleich hoch

42 Komm zu mir – Tanzlied/Dreiertakt

43 Süße Orangen – Tanz

44 Melodiebausteine/ Zwei- und Dreitonmelodik

46 Querflöte – Kontrabaß

47 Schustertanz

48 Komm, mein Pferdchen/ Liedbegleitung

49 Triangel Theophil – eine Klanggeschichte

50 Gebunden und nicht gebunden singen/Achtelpause

52 In unserm Dorfe – eine Sang- und Klanggeschichte

53 Stup dale – Tanzlied

54 Betont – unbetont

Seite

56 Klarinette – Horn

57 Tänze hören und musizieren

58 Ein Musikstück entsteht – Baukastenmusizieren

59 Herbststimmung/ Musizieren nach Klangzeichen

60 Weißt du, wieviel Sternlein stehen/Halbe Noten

61 Musizieren mit den Dreiklangstönen

62 Wir basteln Instrumente

64 Singen im Chor

66 Wir wollen heute lachen üben/ Lautbildung

67 Tanz, tanz, Gretelein/ Tanz- und Spiellieder

68 Schlittenfahrt/Hören und Musizieren

70 Singen und Musizieren im Dreiertakt

71 Tanz um das e/ Musizieren und Improvisieren

72 In der Hexenschule/ Klänge und Geräusche

74 Hol dein Fahrrad aus dem Keller/ Musizieren nach Klangzeichen

75 Eisenbahn, Eisenbahn/ leiser – lauter, langsamer – schneller

76 Siebensprung – Tanzlied

77 Ritsch, ratsch, rumdibum – Tanzlied

78 Klavier und Flügel

79 Karneval der Tiere/Klangcharakter

Seite

80 Aus 3 mach 5/ Dreiklangstöne und Fünftonreihe

82 Am Blumenstand/singendes und instrumentales Improvisieren

83 Ein Holzschuhtanz

84 Einstimmig – zweistimmig

86 Wolfgang Amadeus Mozart

87 Robert Schumann

88 Bruder Jakob/zweistimmiges Hören

89 Mikita/Liedbegleitung

90 Musizieren mit Klangbausteinen

91 Instrumente unterhalten sich/ Improvisieren

92 Der Futterdieb im Hühnerstall – eine Sang- und Klanggeschichte

93 Rätsel

94 Katz und Maus – Tanzspiel

95 Wandern in der Sommerzeit/ Singen, Liedbegleitung

96 Durch das Jahr (Liedanhang)

112 Die Weihnachtsgeschichte

114 Die Blockflöte

115 Verzeichnis der Lieder

116 Verzeichnis der Hörbeispiele

119 Quellenverzeichnis

120 Zeichenerklärung

250 Jahre
Musikhausen
TIERGARTEN

1 a/b Ein Hörspaziergang

6 Schön soll es klingen, wenn wir singen

Rinke, ranke, Rosenschein 2

Worte und Melodie:
Walther Pudelko

1. Rin - ke, ran - ke, Ro - sen - schein, lie - ber Mor - gen, komm her - ein!

Al - le uns - re Fen - ster - lein
sol - len dir ge - öff - net sein,
al - le uns - re Her - zen.

2. Rinke, ranke, Rosenschein,
tu dich auf, du güldner Schrein,
daß dein Leuchten, klar und rein,
immer möge bei uns sein
und die Nacht vertreibe!

Guten Morgen, ein neuer Tag beginnt

Worte und Melodie:
Elsbeth Friemert

Gu - ten Mor - gen, ein neu - er Tag be - ginnt. Da

freu - en wir uns al - le, weil wir bei - sam - men sind.

Wir tanzen Labata

Aus Polen

Einer: Haben wir uns schon an den Händen gefaßt?

Alle: Ja!

Einer: Haben wir uns schon an den Schultern gefaßt?

Alle: Nein!

▶ Setzt das Spiel fort!

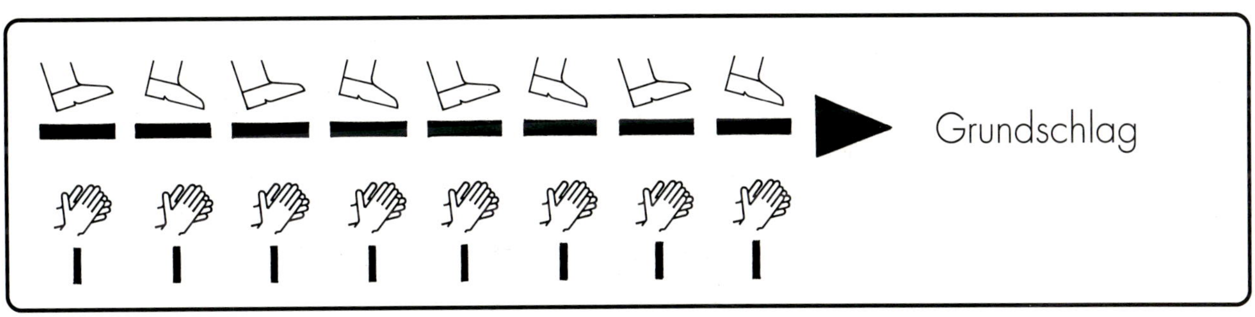

8 Spannenlanger Hansel

2. „Lauf doch nicht so närrisch, spannenlanger Hans!
Ich verlier die Birnen und die Schuh noch ganz."
„Trägst ja nur die kleinen, nudeldicke Dirn,
und ich schlepp den schweren Sack mit den großen Birn'."

▶ Welches Zeichen paßt zu welchem Tiernamen?

▶ Kennt ihr diese Lieder?

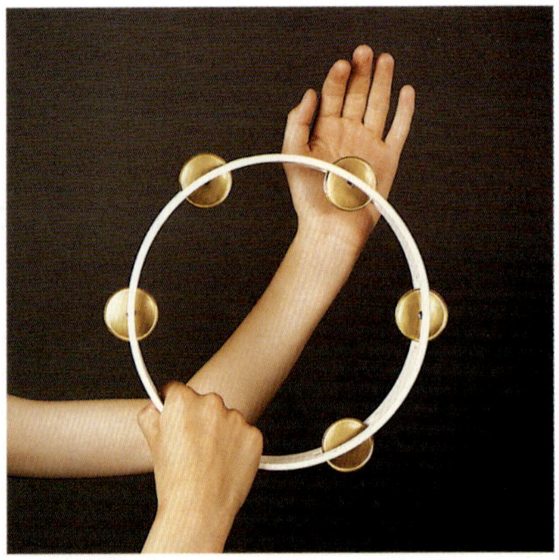

Tri - an - gel, | Tri - an - gel |

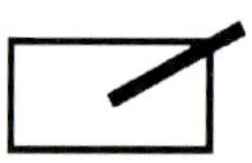

Holz - block - trom - mel, | Holz - block - trom - mel |

Päuk - lein, | Päuk - lein |

Das klingende Bäumchen

Worte und Melodie:
Katalin Dröse

3 a/b ▶ Welche Instrumente hört ihr?

▶ Wie klingen sie: lang – kurz, hell – dunkel? Probiert selbst!

▶ Laßt Instrumente erklingen!
Welche Zeichen passen zu
den Klängen?

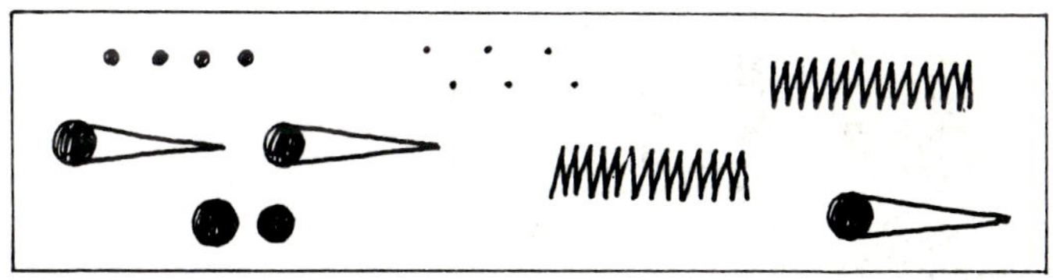

▶ Ahmt mit Instrumenten nach!

12 Unterschiedliche Bewegungen

▶ Wie bewegen sich diese Tiere, welche Spuren gehören dazu?

▶ Versucht, diese Bewegungen auf Instrumenten nachzugestalten!

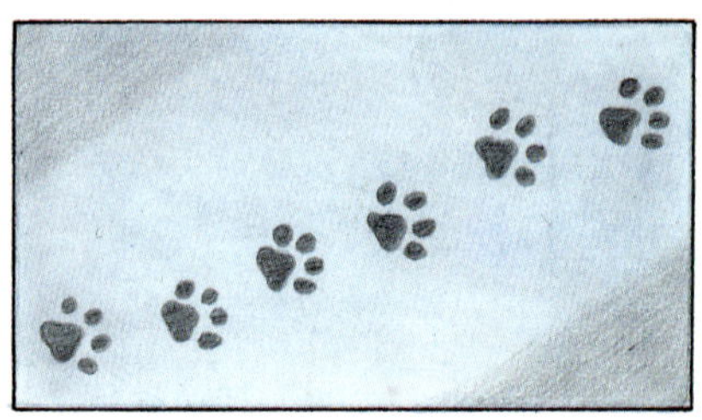

4 ▶ An welche Tiere denkt ihr beim Hören der Musik?

▶ Bewegt euch auch so!

▶ Gestaltet die Bewegungen mit Instrumenten nach!

5 ▶ Dieser Volkstanz heißt „Hahn im Korb". Ihr hört ein Akkordeon.

IIIII → langsam	IIIIIIIIII → schnell	IIIII → langsam

oder?

IIIIIIIIII → schnell	IIIII → langsam	IIIIIIIIII → schnell

▶ Bewegt euch zur Musik!

Locker singen

Zusammenfallen, aufrichten

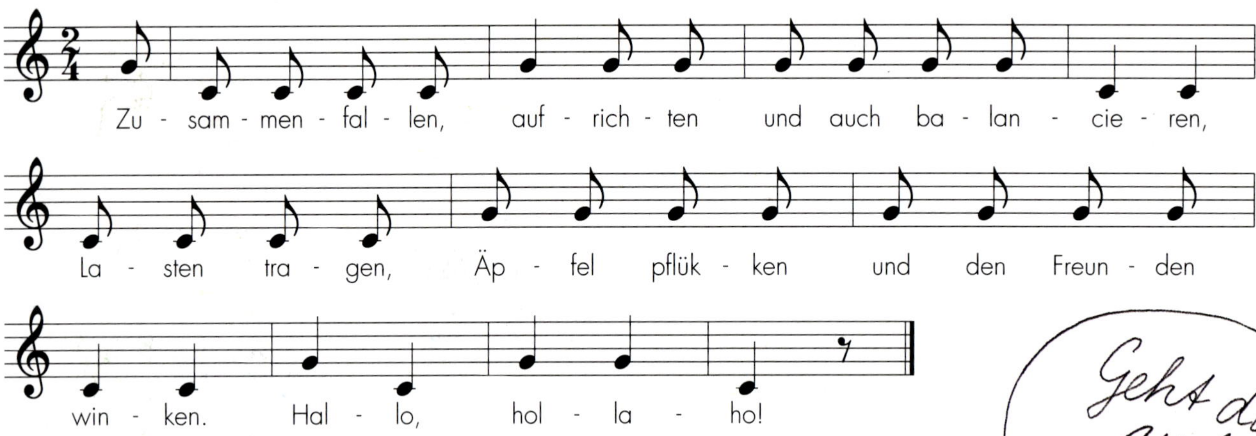

Heraus aus den Betten

Worte: Adolf Holst
Melodie: Richard Rudolf Klein

▶ Wann stehst du am Morgen auf?

2. Sie geht schon spazieren durch Feld und Flur
   und denkt sich: Wo bleiben die Kinder heut nur?
3. Der Hahn auf dem Hofe, die Spatzen vorm Haus,
   die lachen die kleinen Langschläfer sonst aus.
4. Drum schnell in die Strümpfe, in Hosen und Kleid!
   Guten Morgen, Frau Sonne! Jetzt sind wir soweit.

▶ Wer atmet ein? Wer atmet aus?

Die Tausendschönchen

Worte: Edith Bergner
Melodie: Gisela Hein

2. Kommt morgen früh zum Wiesenrain,
dort sammeln wir Kastanien ein,
dann bringen wir sie schnell nach Haus
und basteln schöne Sachen draus!

▶ ′ = Hier atmen wir gemeinsam.

6 ▶ Was hört ihr? Findet das passende Bild!

▶ Erprobt, was ihr mit eurer Stimme alles machen könnt!

Pinkepank, Schmied ist krank,
sitzt nun auf der Ofenbank.

▶ Sprecht diesen Vers wie ein Fernsehansager, eine Hexe, …!

Die Bären brummen

Worte: Josef Guggenmos
Melodie: Karl Haus/Franz Möckl

2. Die Mäuse pfeifen, die Affen keifen,
die Löwen brüllen, es wiehern die Füllen,
und ginge das nicht …

3. Die Tauben gurren, die Hunde knurren,
die Störche klappern, die Kinder plappern,
und ginge das nicht …

▶ Versucht, Tierstimmen nachzuahmen!

1 – 2 – 3 – 4 – 5 – 6 – 7 – 8

1 – 2 – 3 – 4 – 5 – 6 – 7 – 8

1 – 2 – 3 – 4 – 5 – 6 – 7 – 8

1 – 2 – 3 – 4 – 5 – 6 – 7 – 8

7

- Wechselt immer nach 8 Schritten die Richtung!

- Wechselt immer nach 4 Schritten die Richtung!

Ein kleines graues Eselchen

8

2. und 3. Strophe:
Wilfried Behrendt

2. Ein kleines buntes Vögelchen, das flattert um die Welt,
macht auf und zu sein Schnäbelchen, grad wie es ihm gefällt.
Tschiep-tschiep, tschiep-tschiep ...

3. Ein kleines braunes Häschen, das hoppelt durch die Welt.
Es wackelt mit den Ohren, grad wie es ihm gefällt.
Müm-müm, müm-müm ...

▶ Denkt euch weitere Strophen aus!

20 Überall Musik

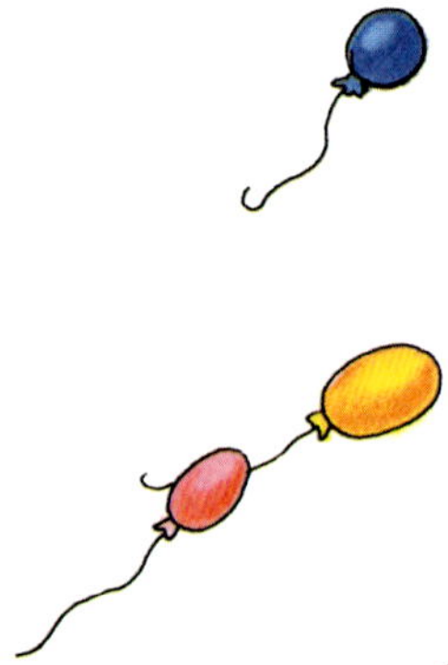

9–14 ▶ Welche Musik paßt zu welchem Bild?

▶ Welche Musik hörst du besonders gern?

Instrumentenlied

Aus Mähren
2. und 3. Strophe: Irmgard Krauthoff

2. Was macht meine kleine Flöte?
Dülidülidü, dülidülidü ...

3. Was macht meine kleine Gitarre?
Zimpezimpezirr, zimpezimpezirr ...

▶ Singt auch weitere Strophen!

15–19 Klangbeispiele für Blockflöte und Gitarre

Von morgens bis abends

20 ▶ Dieses Musikstück heißt „Morgenstimmung". Dazu könnt ihr malen!

Guten Morgen, guten Morgen

Worte und Melodie: Hildegard Tauscher

21 **Wer hat die schönsten Schäfchen**

Worte: Heinrich Hoffmann von Fallersleben
Melodie: Johann Friedrich Reichardt

2. Er kommt am späten Abend,
wenn alles schlafen will,
hervor aus seinem Hause
am Himmel leis und still.

3. Dann weidet er die Schäfchen
auf seiner blauen Flur;
denn all die weißen Sterne
sind seine Schäfchen nur.

22/23 ▶ Robert Schumann nennt zwei seiner Klavierstücke „Kleiner Morgenwanderer" und „Kind im Einschlummern". Welche Unterschiede hört ihr?

Wind, Wind, blase

Worte: Gustav Sichelschmidt
Melodie: Richard Rudolf Klein

2. Wind, Wind, brause!
Die Maus sitzt hinterm Hause.
Sie blinzelt da aus ihrem Loch.
Die böse Katze fängt sie doch.
Wind, Wind, brause!

3. Wind, Wind, wehe!
Im Walde sind zwei Rehe.
Das eine groß, das andre klein,
so geht es über Stock und Stein.
Wind, Wind, wehe!

4. Wind, Wind, heule!
Im Dach wohnt eine Eule.
Die ärgert sich den ganzen Tag,
daß sie kein Mensch mehr leiden mag.
Wind, Wind, heule!

5. Wind, Wind, leise!
Ein Stern geht auf die Reise.
Und wer ihn sieht dort überm Baum,
dem schenkt er einen schönen Traum.
Wind, Wind, leise!

▶ Musiziert nach diesen Klangzeichen!

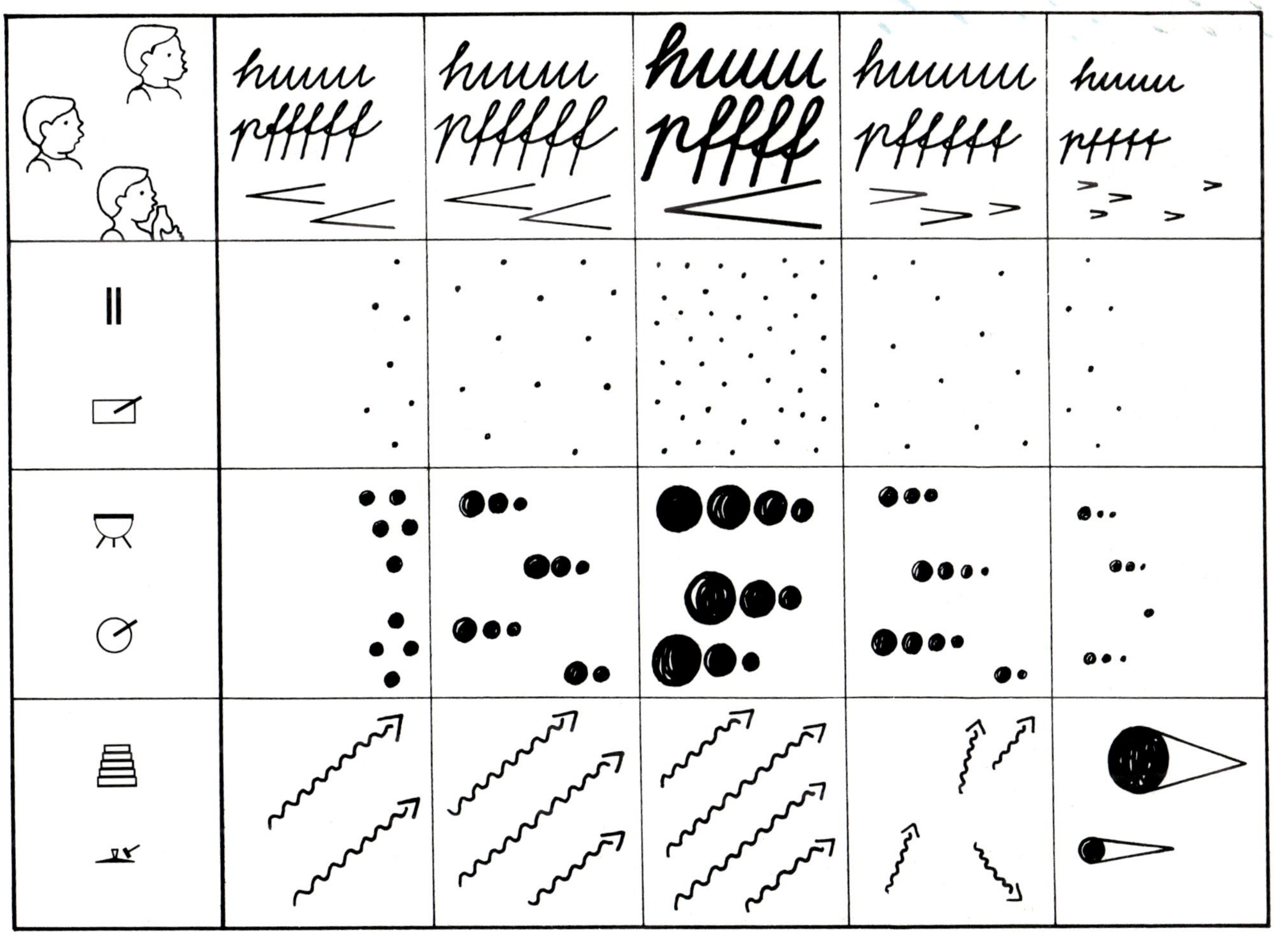

24 Höher – tiefer

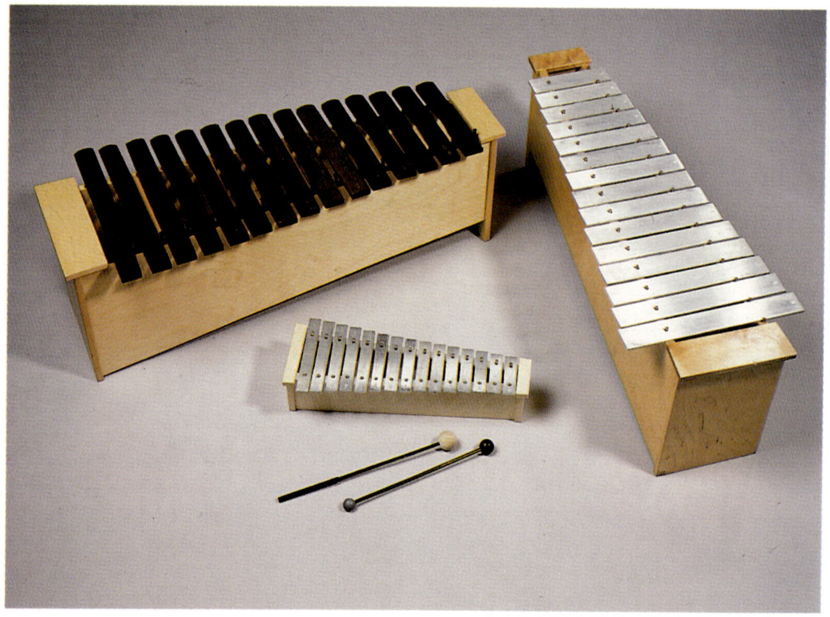

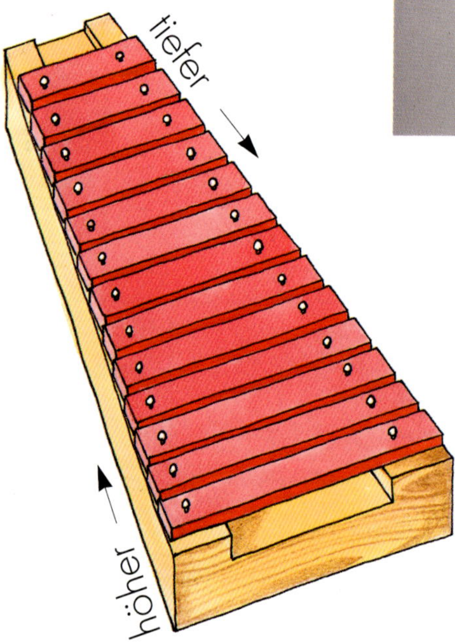

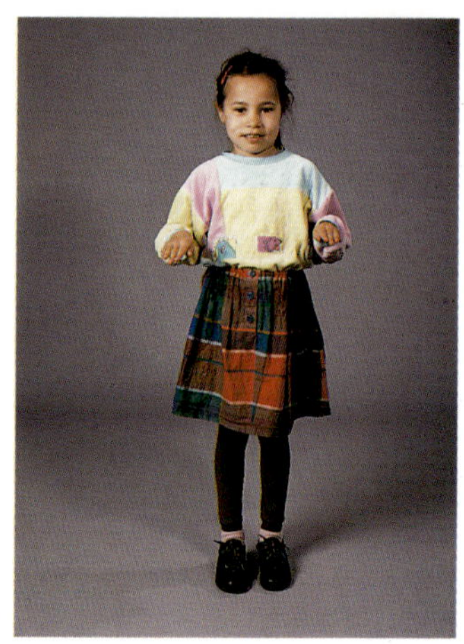

24 a Zwei unterschiedliche Tonfolgen:

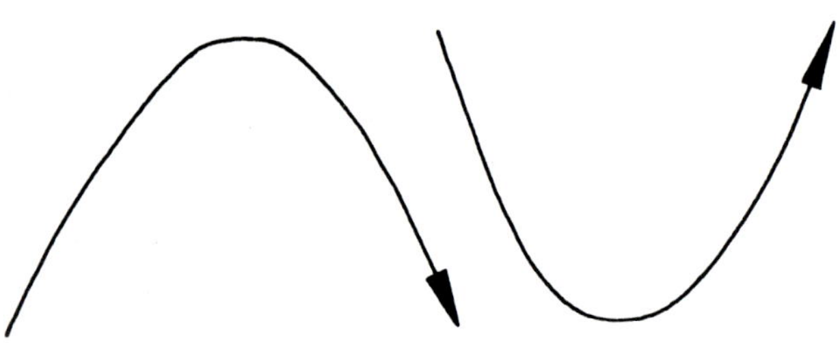

24 b ▶ Zeichnet in die Luft oder auf Papier, wie *diese* Tonfolgen verlaufen!

A lle

Fröh - lich mu - si - zie - ren,

al - le klat - schen mit!

▶ Sprecht den Vers und klatscht dazu!

▶ Klatscht, ohne den Vers zu sprechen!

▶ Musiziert in der Folge 1 – 2 – 3 – 4 – 5:

1 A

2 [triangle]

(Einer musiziert, was er will!)

3 A

4 [xylophone]

(Einer musiziert, was er will!)

5 A

▶ Musiziert auch diese Folge:

A [pause/sticks] A [drum] A [triangle] A

25 ▶ Welche Instrumente hört ihr?

26 Gehen – laufen/♩ – ♪

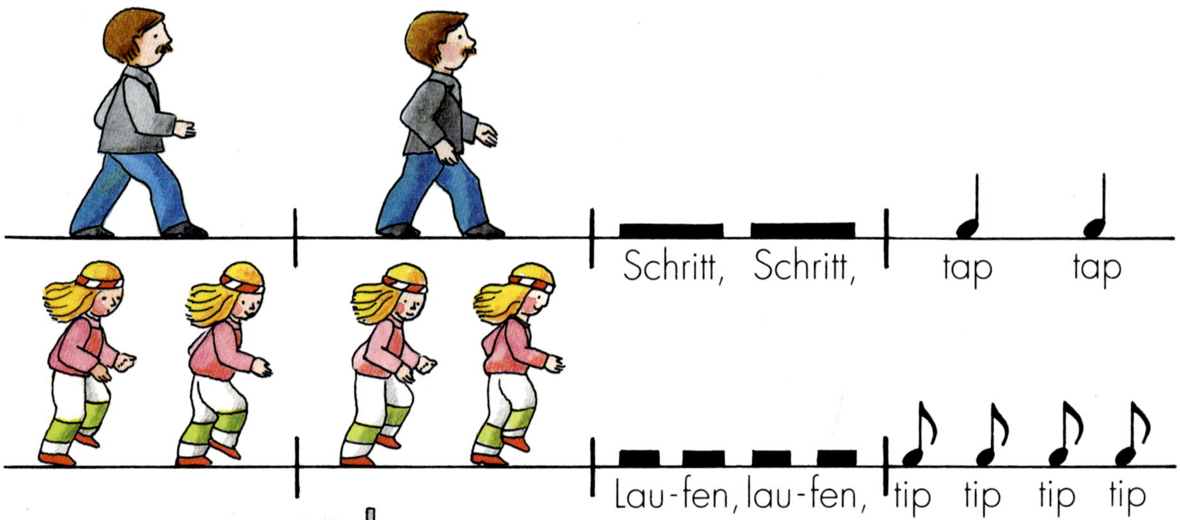

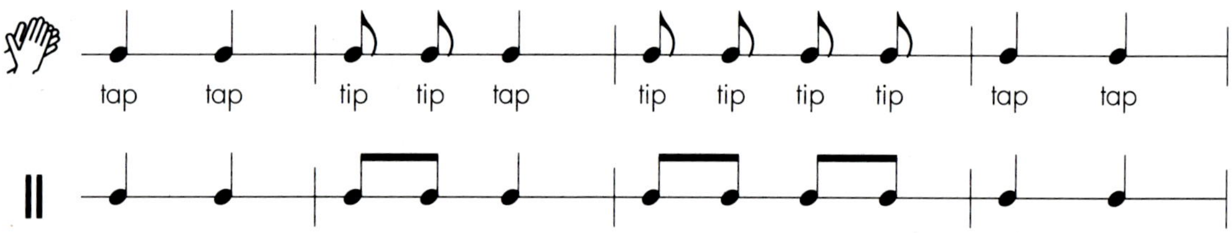

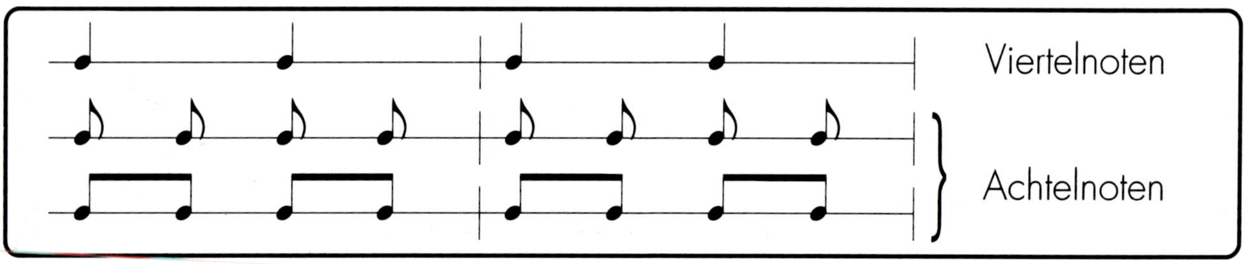

▶ Die Notenbeispiele passen zu Figuren aus diesen Märchen.

♩ ♪ ♪ ging mit dem Korb in den Wald.

Ach, wie gut, daß ♪ ♪ ♩,
daß ich ♪ ♪ ♪ ♪ heiß!

Kleiner Muck, kleiner Muck,
wohnst in einem großen Haus!

Tischlein, deck dich!
Goldesel, streck dich!

▶ Sprecht die Verse und ordnet sie den Notenbeispielen zu!

1.

2.

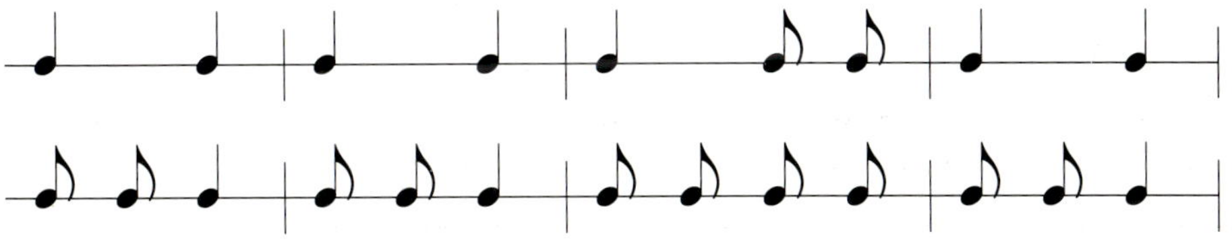

Der Winter ist da

Worte: Heinrich Hoffmann von Fallersleben
3. Strophe: Irmgard Krauthoff/Hans Vogel

2. E, e, e, jetzt gibt es Eis und Schnee!
Blumen blühn an Fensterscheiben,
sind sonst nirgends aufzutreiben.
E, e, e, jetzt gibt es Eis und Schnee!

3. I, i, i, ich frier im Winter nie!
Nicht am Ofen sitzenbleiben,
kannst im Schnee die Zeit vertreiben!
I, i, i, ich frier im Winter nie!

4. O, o, o, wie sind wir alle froh,
wenn der Niklaus wird was bringen
und vorm Tannenbaum wir singen.
O, o, o, wie sind wir alle froh!

5. U, u, u, jetzt weiß ich, was ich tu!
Hol den Schlitten aus dem Keller,
und dann geht es schnell und schneller!
U, u, u, jetzt weiß ich, was ich tu!

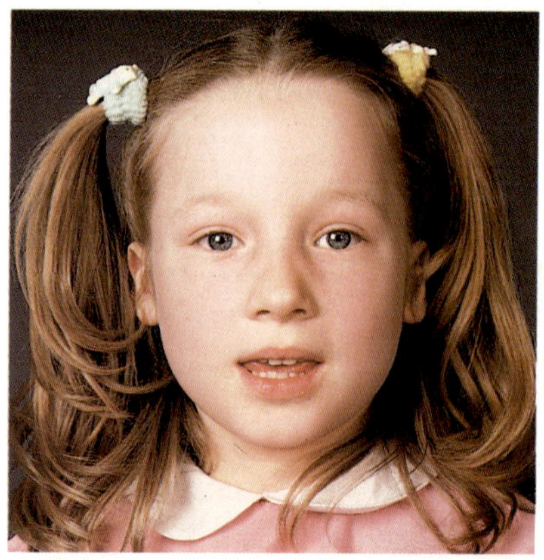

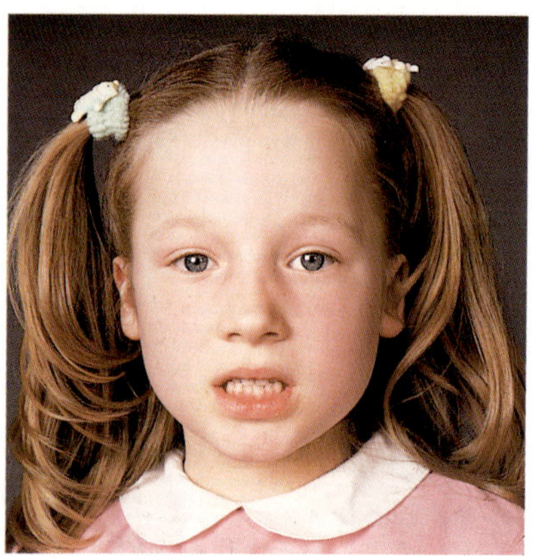

Wer das Abc gelernt

Worte und Melodie: Albert Gabriel
4. Strophe: Hans Vogel

Zwischenspiel:

 oder 

2. Wer die Feder führen kann,
fängt bald an zu schreiben
einen Brief an Großpapa,
er soll munter bleiben!
Und noch dies und das –
Schreibenlernen macht uns Spaß.

3. Wer das Rechnen gut versteht,
kann die Kinder zählen,
die in unsre Klasse gehn,
ob auch keine fehlen.
Und noch dies und das –
Rechnenlernen macht uns Spaß.

4. Wer Musik von Herzen liebt,
wird die Lieder singen
nicht zu leise, nicht zu laut,
daß sie schön erklingen.
Und noch dies und das –
Liedersingen macht uns Spaß.

- ▶ Sprecht die Reihen deutlich!
- ▶ Singt sie auch auf einen Ton: *aou, oae* . . .

Musik mit Pausen

Auf der Mauer auf der Lauer

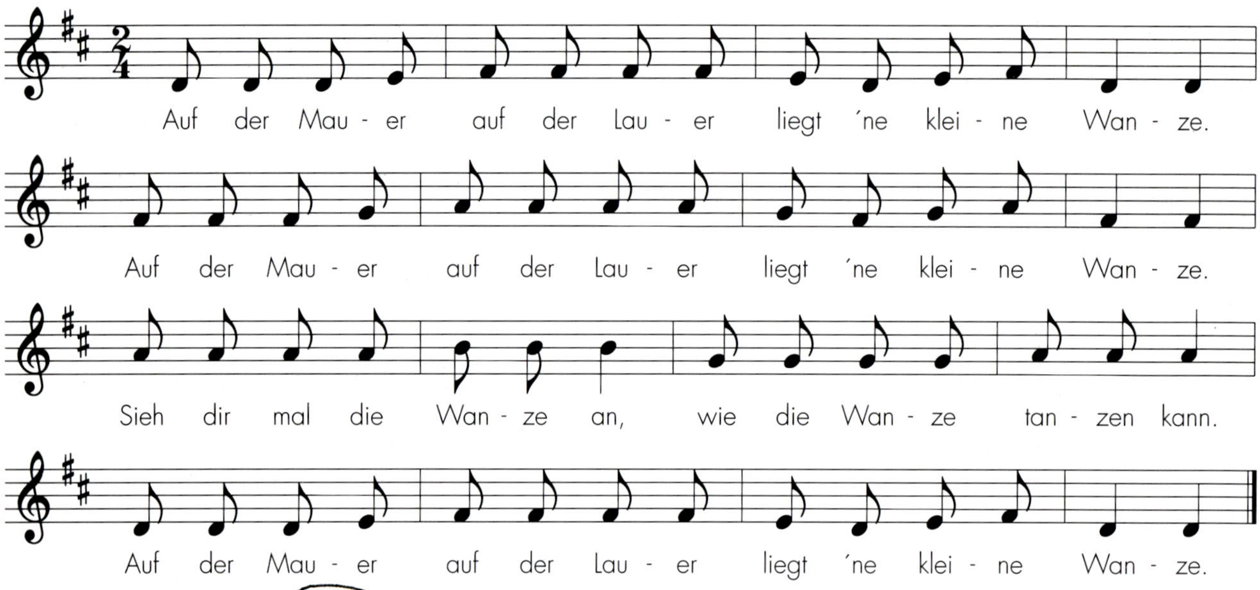

▶ Musiziert zum Liedgesang!

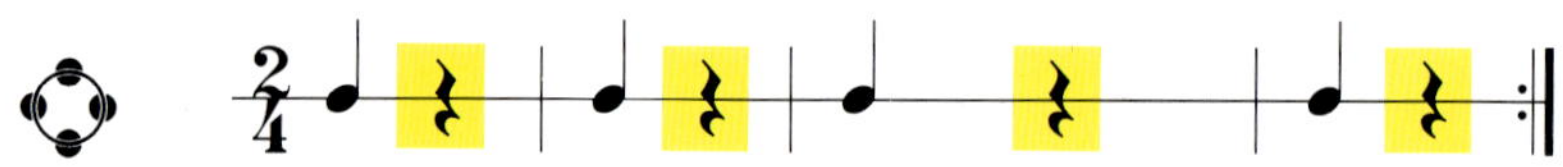

oder:

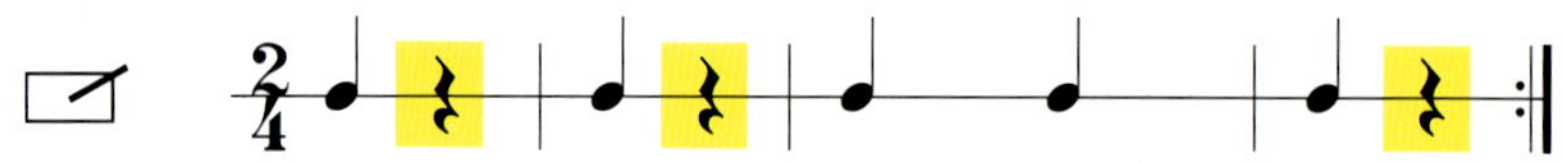

oder:

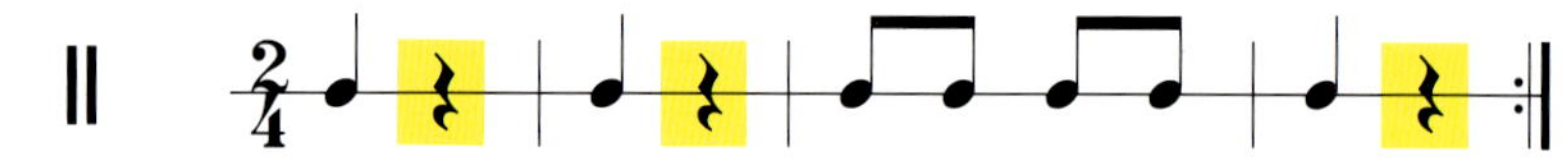

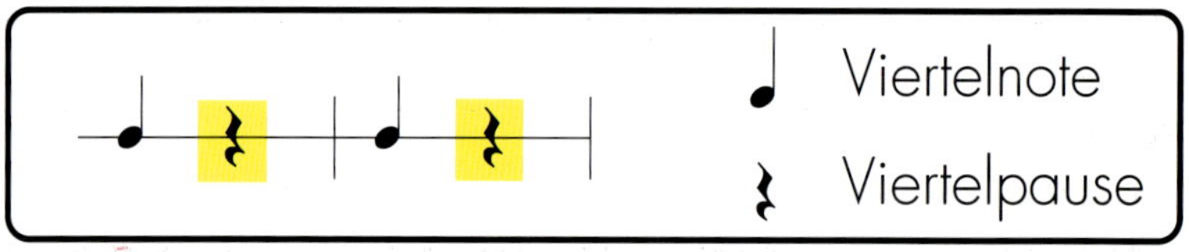

Kehrreim

Worte: Josef Guggenmos
Melodie: Heinz Lemmermann

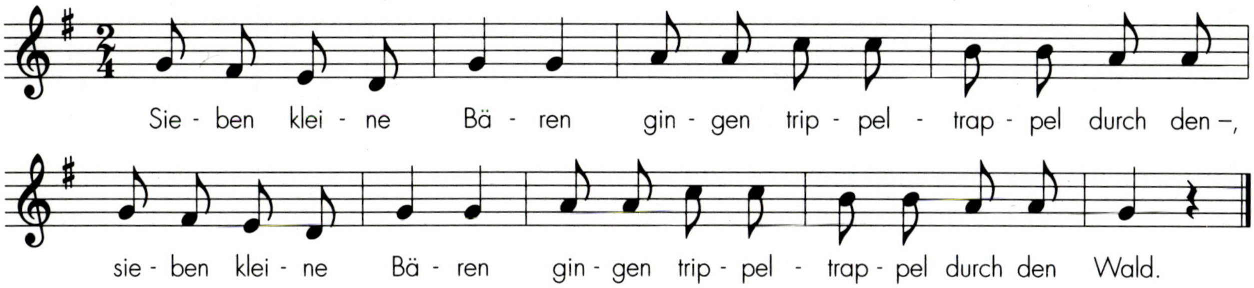

Gesprochen:
Und hielten sich brav bei den Vordertatzen. Da standen sieben kleine Katzen bei einer Pappel am Bach. Und sagten: „Ach, wären wir drüben, miau!"

Es folgt der Kehrreim.

Gesprochen:
Da nahmen die sieben kleinen Bären die sieben kleinen Katzen auf ihren Rücken und sagten: „Wir sind stark, es wird uns schon glücken." Die Katzen machten die Augen zu vor Ängsten. Und der kleinsten war es am bängsten.

Es folgt der Kehrreim.

Gesprochen:
Als sie am anderen Ufer waren, sagten die sieben Kätzlein artig das Sätzlein: „Wir danken schön!" „Es ist gern geschehn!" erklärten die Bären und meinten auch: „Ja, wenn wir nicht wären!"

Es folgt der Kehrreim.

▶ Geht zu dem Lied im Kreis!
Klatscht dazu die Grundschläge!

▶ Hebt die betonten Grundschläge hervor!

26 ▶ „Tanz mit mir" – klatscht und zählt mit:
1 – 2, 1 – 2 ...

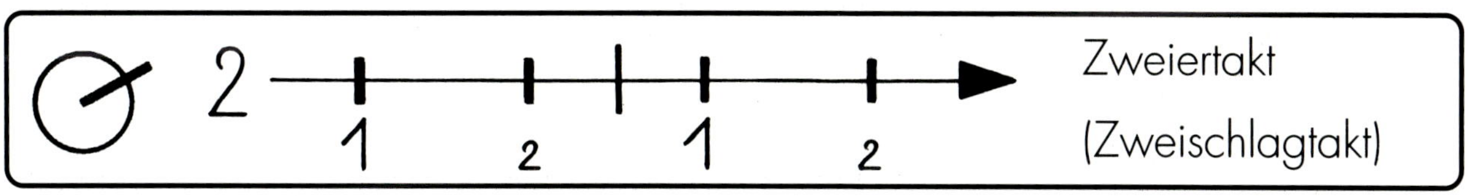

32 Ein Spaziergang

▶ Musiziert zu dieser Bildfolge!

27 ▶ Dieses Musikstück heißt „Spaziergang“.
Vergleicht mit eurem eigenen Musizieren!

Es war eine Mutter

2. Der Frühling bringt Blumen, der Sommer bringt Klee,
der Herbst bringt uns Trauben, der Winter bringt Schnee.

▶ Wählt Instrumente aus und bringt die Jahreszeitenbilder zum Klingen!

▶ Nehmt euer Konzert auf Tonkassette auf!

28 ▶ „Und wer im Frühling geboren ist" – singt und spielt mit!

34 Geige – Trompete

Ich bin ein Musikante

2. Ich kann spielen auf der Trompete: Schnengdengdereng …

▶ Singt weitere Strophen!

Konzert
Orchester
Dirigent

29–33 Klangbeispiele für Geige und Trompete

Gestern abend ging ich aus 34

2. Bist du nicht der Jägersmann,
legst auf mich die Flinte an?
Wenn dein Jagdhund mich erschnappt,
hast du Jäger mich ertappt.
Wenn ich an mein Schicksal denk,
ich mich recht von Herzen kränk.

3. Armes Häslein, bist du blaß!
Geh dem Bauern nicht ins Gras!
Geh dem Bauern nicht ins Kraut,
sonst bezahlst's mit deiner Haut.
Sparst dir manche Not und Pein,
kannst mit Lust ein Häslein sein.

▶ Singt das Lied im Wechsel, zum Beispiel: alle – einer – alle!

35 ▶ Ein Kind singt allein. Wann hört ihr den Chor?

36 ▶ „Was haben die Gänse für Kleider an" – auch dieses Lied wird im Wechsel Solo – Chor gesungen.

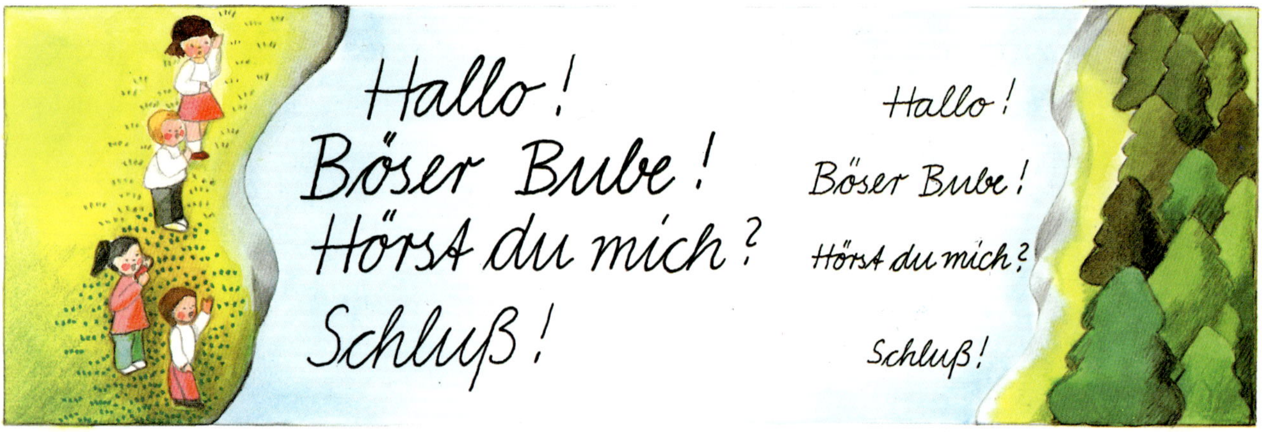

▶ Spielt die Rufe und ihr Echo auch mit Instrumenten!

▶ Welche Bausteine
könnt ihr verwenden?
Sucht im Baukasten!

Zwei Echospiele für Instrumente:

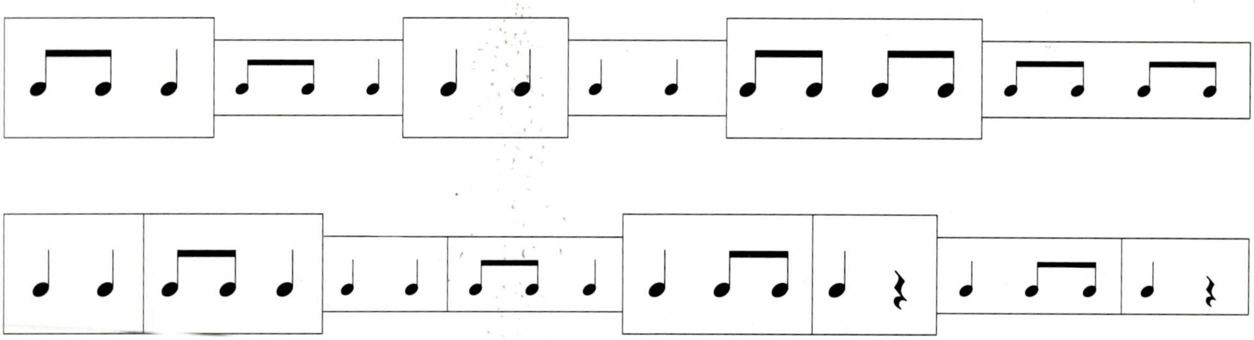

Späße 37

Sorbisches Volkslied
Nachdichtung: Kito Lorenc

2. Und aus unsrer Pfütze |: quaken die Frösche, :| gehen in grauer und grünlicher Wäsche.

3. Hinter unserm Schuppen |: bauen die Spatzen, :| die über Bauern und Mißernte schwatzen.

▶ Welche Rhythmusbausteine findet ihr in diesem Lied?

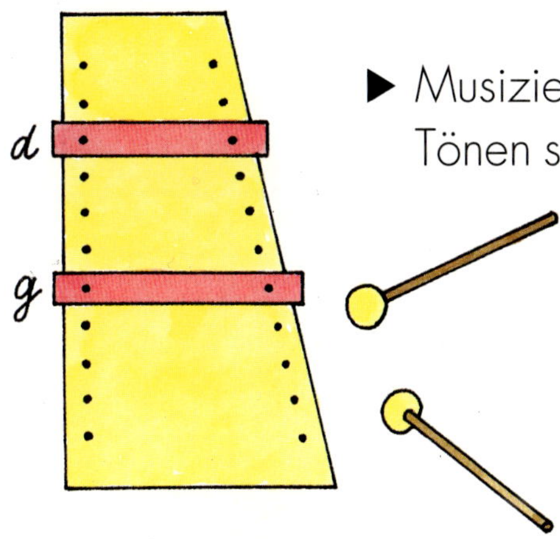

▶ Musiziert mit diesen beiden Tönen so, daß ein Harlekin danach tanzen könnte!

38 ▶ Hört das Musikstück „Harlekins Tanz"!
Bewegt euch wie ein Harlekin, wenn die Hauptmelodie erklingt!

38 Langsamer – schneller

Seht ihr die alte Mühle stehn 39

Worte und Melodie:
Marianne von Oettingen

2. Guten Tag, guten Tag, Herr Müllersmann! Klippklapp, klippklapp …
   Wie sieht es in der Mühle aus? Klippklapp, klippklapp …

3. Habt Dank, habt Dank, ihr Kinder all! Klippklapp, klippklapp …
   Wir haben heute viel zu tun. Klippklapp, klippklapp …

4. Drum muß die Mühle schneller gehn, klippklapp, klippklapp …
   und Tag und Nacht nicht stille stehn. Klippklapp, klippklapp …

(Langsam beginnen, dann von Strophe zu Strophe schneller werden.)

40 ▶ Leopold Mozart: Kindersinfonie, 3. Satz – versucht, die Grundschläge leise mitzuklopfen. Was stellt ihr fest?

Pferde laufen hopp, hopp, hopp

Melodie: Gunther Erdmann

▶ Denkt euch eine „Pferdemusik" aus!
So könnte sie beginnen:

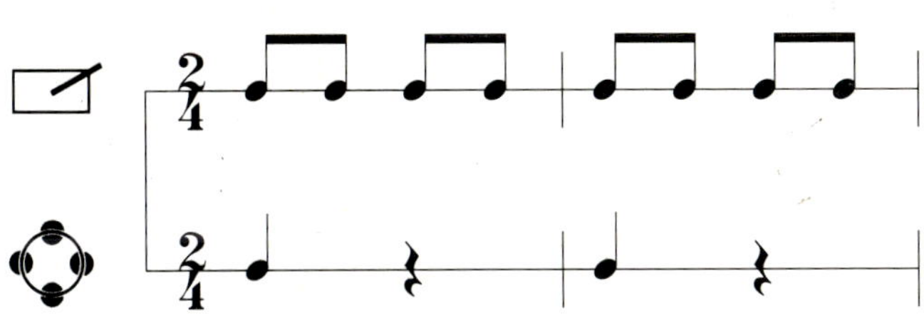

41 ▶ Hört das Musikstück „Hopp, hopp, ho"!
Woher kennt ihr die Melodie?

40 Der Verkehr hat drei Gesichter

42

Worte: Erika Engel
Melodie: Manfred Roost

2. Unter ihr ein reges Brausen,
   Autos fahren, Kräder sausen.
   Kleine Ampel, sag mir an,
   wann ich überqueren kann.

3. Rotes Licht, da heißt es warten.
   Gelbes Licht, da heißt es starten.
   Grünes Licht, nun geh geschwind!
   Bitte, merk es dir, mein Kind!

4. Immer muß die Ampel wachen,
   daß es alle richtig machen.
   Niemals hat die Ampel Ruh,
   auch nicht abends, so wie du.

Auf der Straßenkreuzung

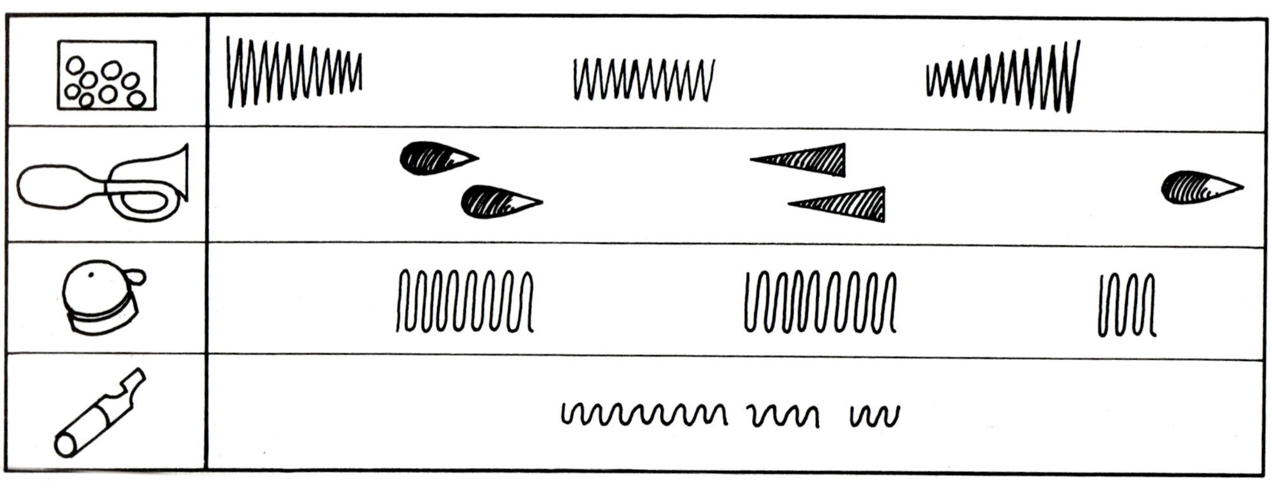

▶ Welche Liedanfänge haben diesen Verlauf?
(„Auf der Mauer auf der Lauer liegt ´ne kleine Wanze" – „Hinter unserm Ofen spielen die Mücken")

▶ Versucht, andere Liedanfänge mit Zeichen auf ein Blatt Papier zu schreiben!

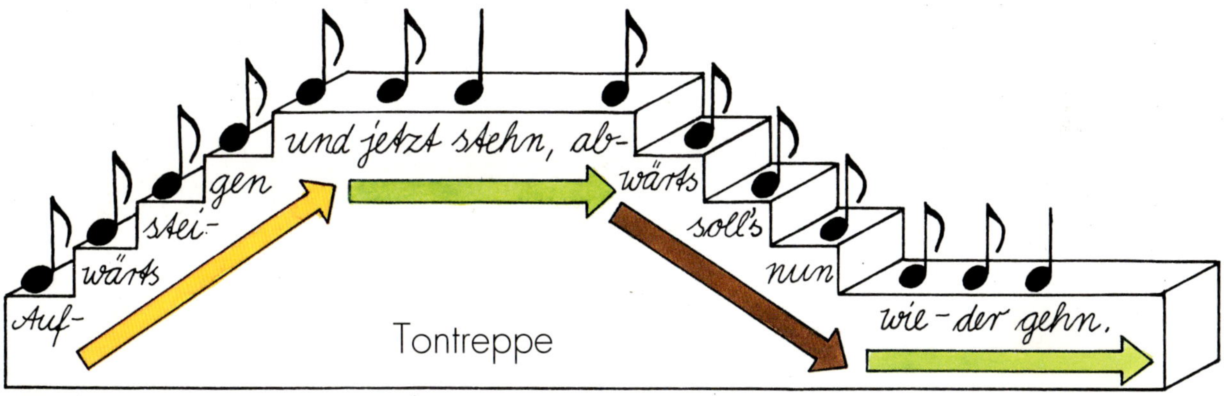

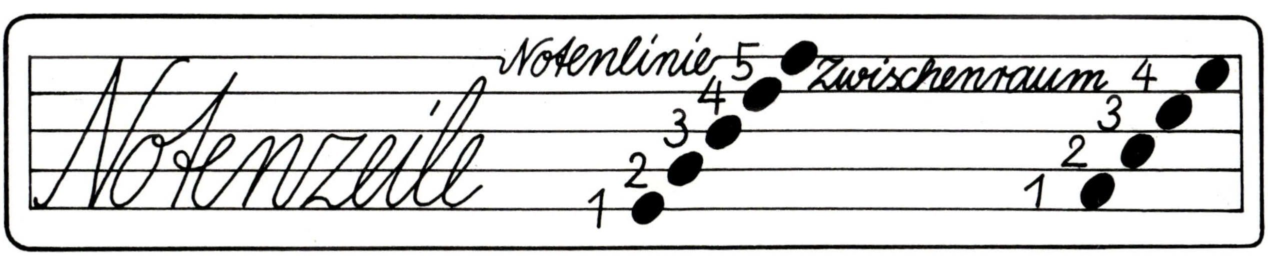

 Komm zu mir

43

Aus Polen

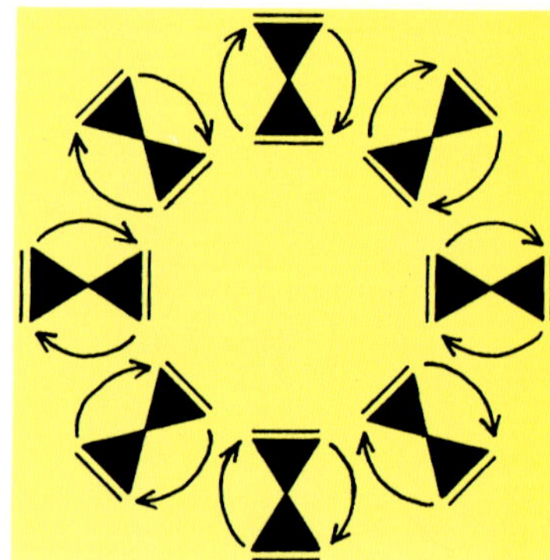

(Hinweis: Bei jedem Neubeginn winkt der Außenkreis den nächsten [rechten] Partner des Innenkreises heran.)

44 „Heißa, Kathreinerle" – auch dieses Tanzlied steht im Dreiertakt.

▶ Klatscht und zählt mit: 1 – 2 – 3, 1 – 2 – 3 …

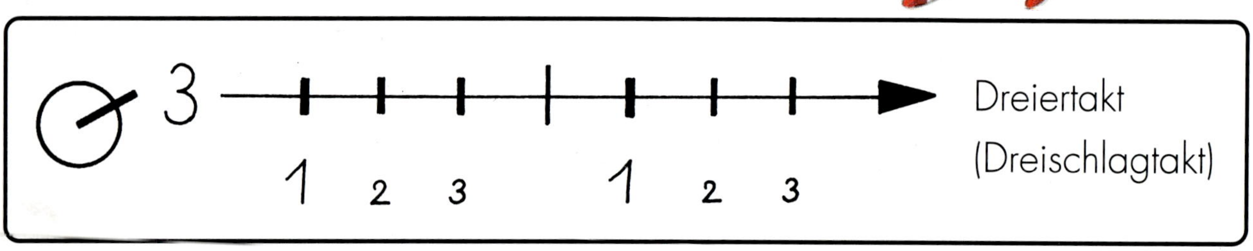

45 Tanzlied aus Mexiko

▶ So könnt ihr mitsingen:

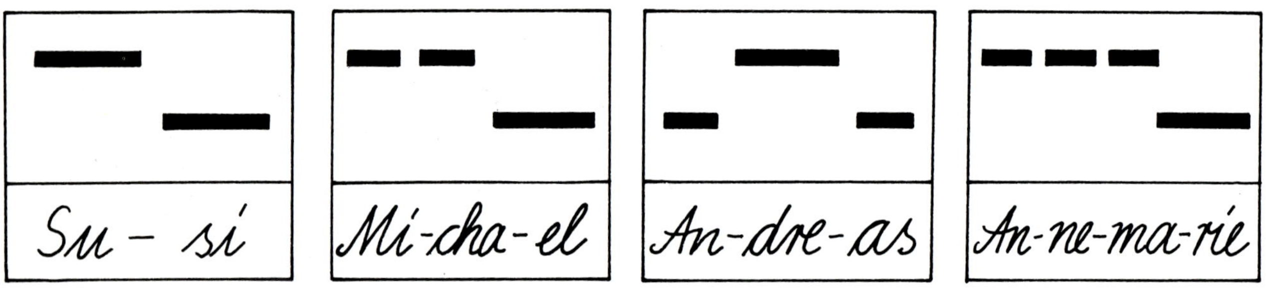

▶ Probiere, ob auch dein Name dazu paßt!

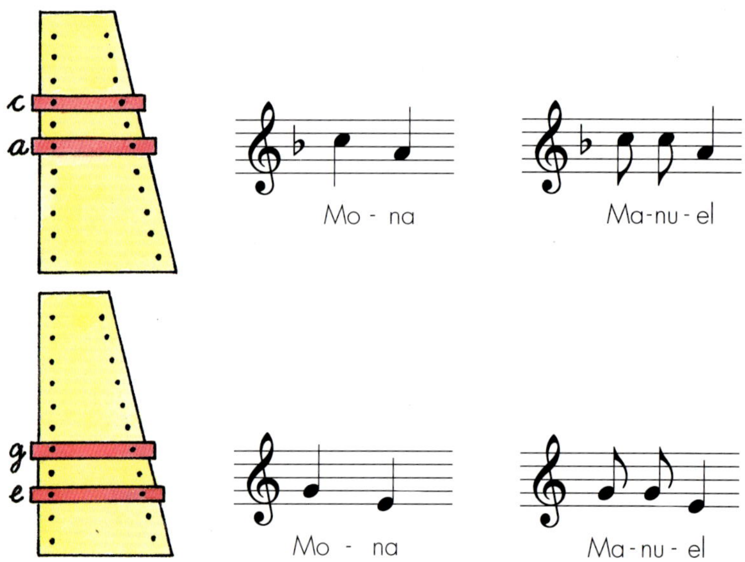

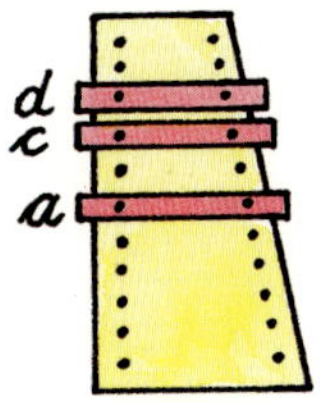

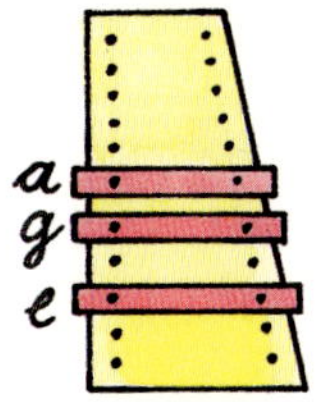

Kuckuck, sag mir doch,
wieviel Jahre leb ich noch?

*Ziehe durch, ziehe durch,
durch die goldne Brücke!*

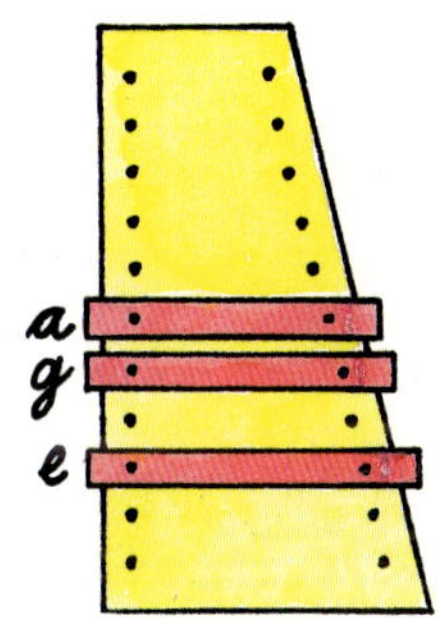

Es war einmal ein Schneider

Worte und Melodie:
Erika Schirmer

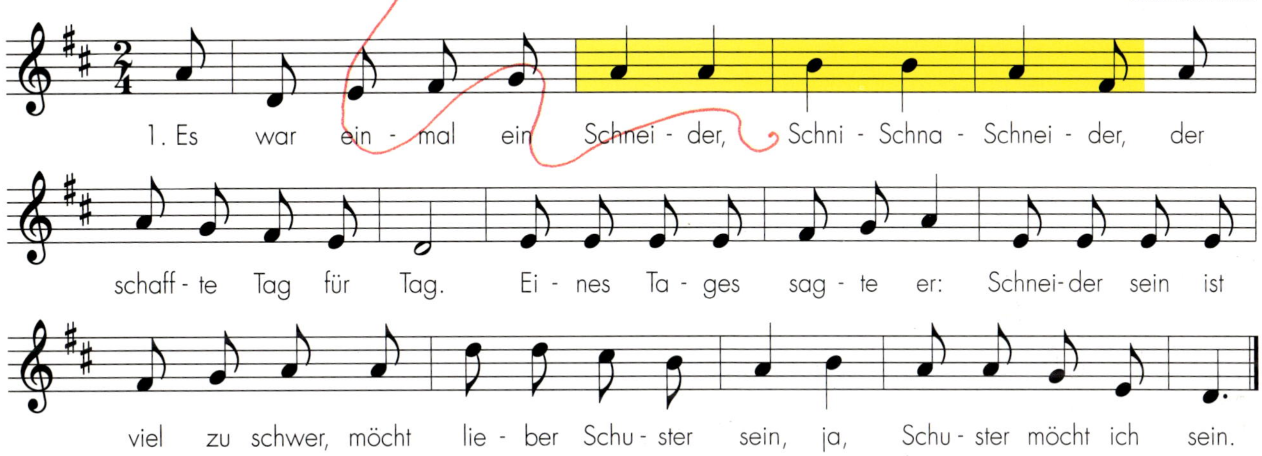

2. Es war einmal ein Schuster, …
möcht lieber Bäcker sein.

3. Es war einmal ein Bäcker, …
möcht lieber …? sein. (usw.)

46/47 ▶ Zu welcher Musik passen diese Bilder?

48–50 Weitere Klangbeispiele für Querflöte und Kontrabaß

:‖ Das bedeutet: einmal wiederholen!

51

Sorbisches Tanzlied

48 Komm, mein Pferdchen

Textfassung: Ortfried Pörsel, Melodie: volkstümlich vom Balkan

2. |: Will dich holen :| von der grünen Weide.
|: Will dich holen, :| reiten wolln wir beide.
Ajaj, ajajaj, reiten wolln wir beide.

3. |: Hei, dann geht es :| über alle Brücken.
|: Und ich reite :| hoch auf deinem Rücken.
Ajaj, ajajaj, hoch auf deinem Rücken.

▶ Spielt zum Lied:

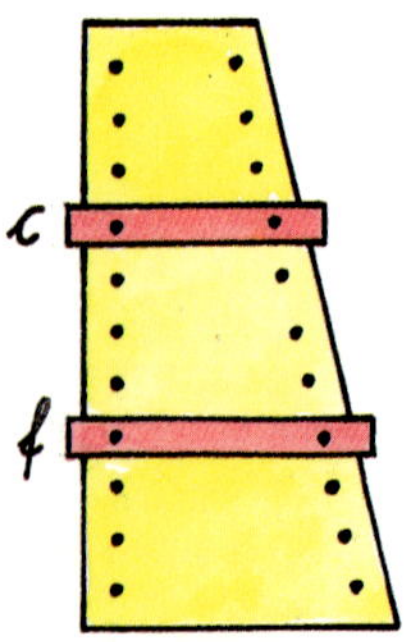

oder

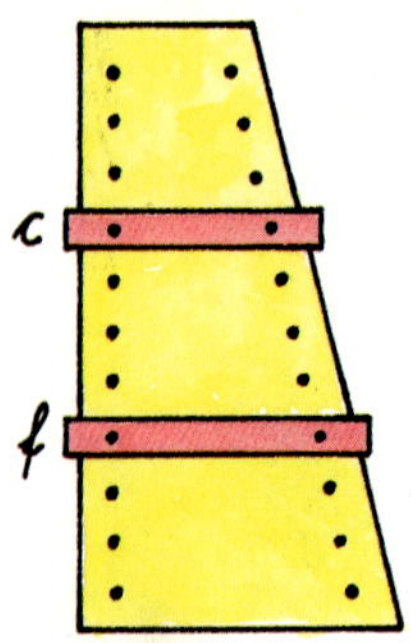

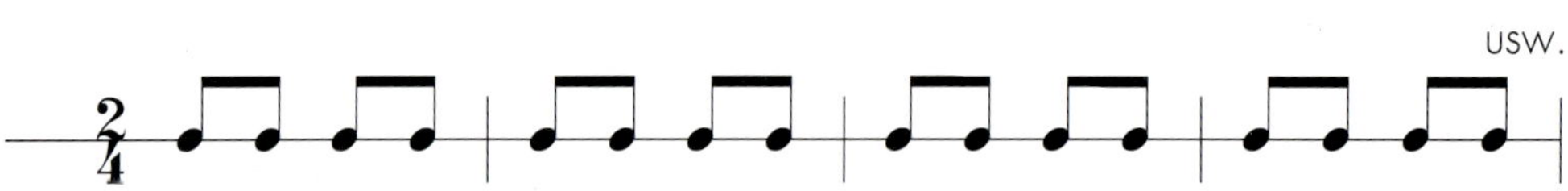

Der Triangel mit Namen Theophil hörte nicht gern auf das, was Vater und Mutter sagten.
Sein nachdenklicher Bruder und seine fröhliche Schwester wollten mit ihm spielen, aber er gab ihnen nur patzige Antworten.
Einmal rief die Mutter wieder zum Abendessen. „Wasch dir zuvor die Hände", ermahnte sie.
Da stampfte Theophil wütend mit dem Fuß auf. „Immer und immer Hände waschen", maulte er. „Jetzt hab ich's satt. Ich gehe weg von zu Hause."
Er rannte auf die Straße – er rannte bis zum Spielplatz an der nächsten Ecke am Park. Dort traf er Klanghölzer, eine Rahmentrommel und eine Holzblocktrommel, mit ihnen konnte man klettern und toben, niemand fragte nach schmutzigen Händen.
Aber dann wurden alle der Reihe nach gerufen. Fröhlich liefen sie nach Hause zum Abendessen. Theophil saß ganz allein auf dem Spielplatz.
„Ob sie sich jetzt alle zu Hause die Hände waschen müssen?" dachte er.
Plötzlich sehnte er sich nach seinen Eltern und Geschwistern. Es wurde schon dunkel – und er hatte Hunger. Ängstlich schaute er sich um.
Da scharrte doch etwas, jemand pfiff, in den Büschen raschelte und knackte es!
Vorsichtig ging er los – und wurde schneller und schneller. Geschafft, zu Hause!
Seine Schwester öffnete ihm die Tür ...

- ▶ Spielt zu dieser Geschichte mit den dazu passenden Instrumenten!
- ▶ Erzählt und musiziert diese Geschichte weiter!
- ▶ Erfindet eine eigene Geschichte und musiziert dazu!

50 Gebunden und nicht gebunden singen

Ich weiß ein Kätzchen 52

Melodie: Helmut Böhmer

2. Und wenn das Kätzchen essen will,
so schmeichelt es der Frau
und schreit und bettelt immerfort:
Miau, miau, miau!

3. Und wenn des Nachbars Hündchen kommt
und bellt es an: Wau, wau!
so springt es auf den Baum und schreit:
Miau, miau, miau!

Tau fällt auf die Wiese 53

Worte: Lisa-Marie Blum
Melodie: Ingeborg Becker

2. Jeder Halm trägt glänzend, regenbogenbunt
eine blanke Perle, seifenblasenrund.

52/53 ▶ Welches Lied wird gebunden, welches nicht gebunden gesungen? Warum wohl? Singt beide Lieder ebenso!

Ein Schneider fing ´ne Maus

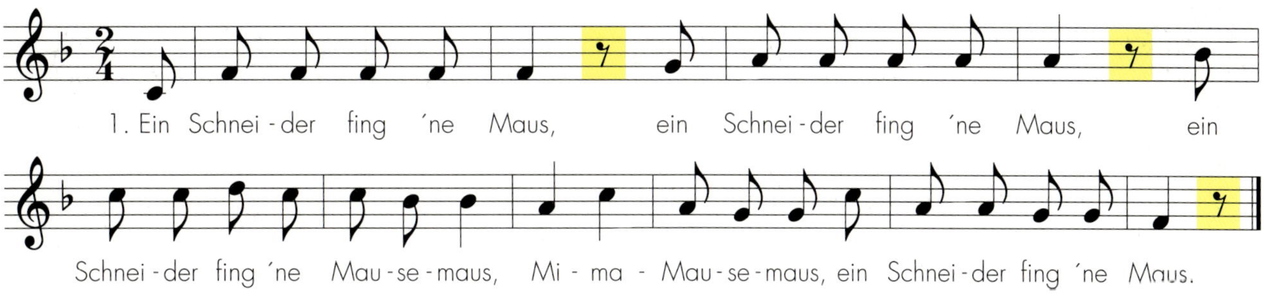

2. Was macht er mit der Maus?
3. Er zieht ihr ab das Fell.
4. Was macht er mit dem Fell?
5. Er näht sich einen Sack.
6. Was macht er mit dem Sack?
7. Er steckt hinein sein Geld.
8. Was macht er mit dem Geld?
9. Er kauft sich einen Bock.
10. Was macht er mit dem Bock?
11. Er reitet im Galopp.
12. Was macht er im Galopp?
13. Er fällt gleich in den Dreck.

▶ So könnt ihr das Lied begleiten:

♪ Achtelnote
𝄾 Achtelpause

52 In unserm Dorfe

Worte und Melodie:
Irmgard Krauthoff

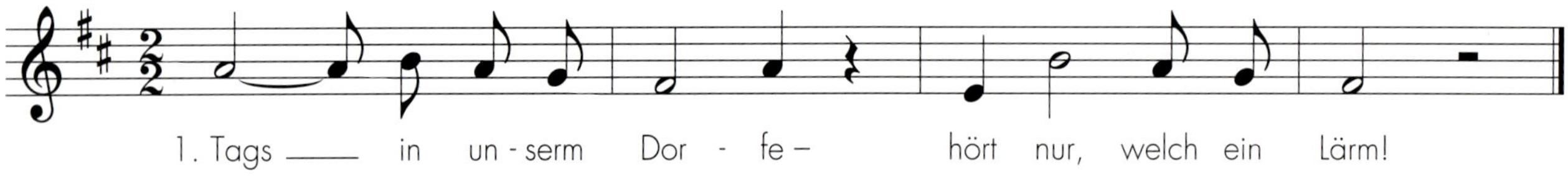

Sprechen:
Da schnattern die Enten,
da tschilpen die Spatzen,
da bellen die Hunde,
miauen die Katzen,
Traktoren und Mähdrescher
klingen vertraut,
ein Lkw hupt,
und ein Radio spielt laut.

Singen:
Tags in unserm Dorfe – hört nur, welch ein Lärm!

Singen:
2. Nachts in unserm Dorfe – meint ihr, da sei's still?

Sprechen:
Da trippelt's ganz leis,
und da raschelt's im Stroh.
Das Hoftor, es knarrt, und es
klirrt irgendwo. Der Wind
treibt sein Spiel, und im Turm schlägt
die Uhr. Was schleicht durch das Gras,
was wispert da nur?

Singen:
Nachts in unserm Dorfe – meint ihr, da sei's still?

▶ Gestaltet diese Klanggeschichte!
Tierlaute und Geräusche könnt ihr mit Stimme
und Instrumenten nachahmen.

54

Sorbisches Tanzlied
Deutscher Text: nach Jurij Winar

2. |: Stup dale, stup dale, gleich auf der Stell :|
geh auf den Markt, kauf Sachen dir schnell, ja ...

3. |: Stup dale, stup dale, was gibt's zum Mahl? :|
Graupen zum Mahl, das ist nicht mein Fall, ja ...

▶ Bildet zu Beginn des Tanzes eine Gasse:

Sorbische Kinder in Trachten

Das sorbische „stup dale“
bedeutet etwa „tritt weiter“.

Schöne Namen suchen wir

Worte und Melodie: Wilhelm Keller

Einer (gesprochen oder gesungen):

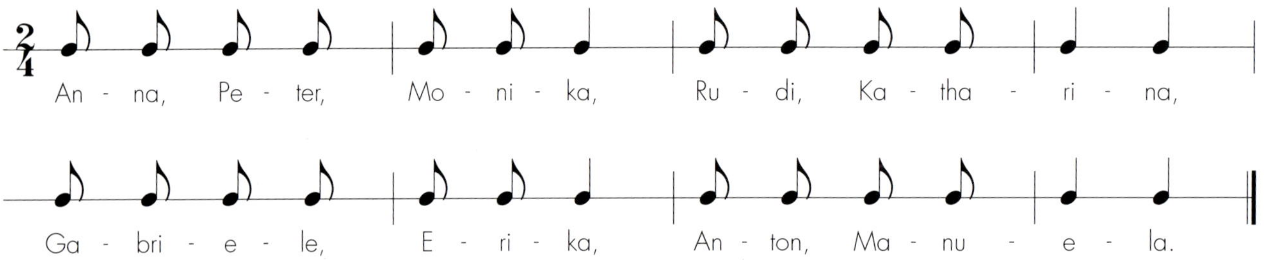

Alle: Schöne Namen suchen wir … Einer (gesprochen oder gesungen): …

Namen können betont oder unbetont beginnen: *Mi cha el* *Re na te*

▶ Welche dieser Namen beginnen betont, welche unbetont?
Spielt die Betonung auf einem Instrument mit!

Fran zis ka *Jo han nes*

Ur su la *Ka thrin* *Gi se la* *Ri chard*

▶ Singt diese Namen! Zu welchen der folgenden Melodiebausteine passen sie?

▶ Welche anderen Namen passen zu den Melodiebausteinen, welche nicht?

Rätsel

▶ Singt diese Liedanfänge!
Welche dieser Lieder beginnen betont, welche unbetont? Wenn ihr die Anfangsbuchstaben dieser Lieder den Spalten richtig zuordnet, erhaltet ihr zwei Lösungswörter.

Kuckuck, Kuckuck
Liebe Mutter, wir bringen
Laßt uns froh und munter sein
Auf der Mauer auf der Lauer
Ich bin ein Musikante
Es war eine Mutter
Spannenlanger Hansel
Die Tausendschönchen
Ei, so wickeln wir
Ein kleines graues Eselchen

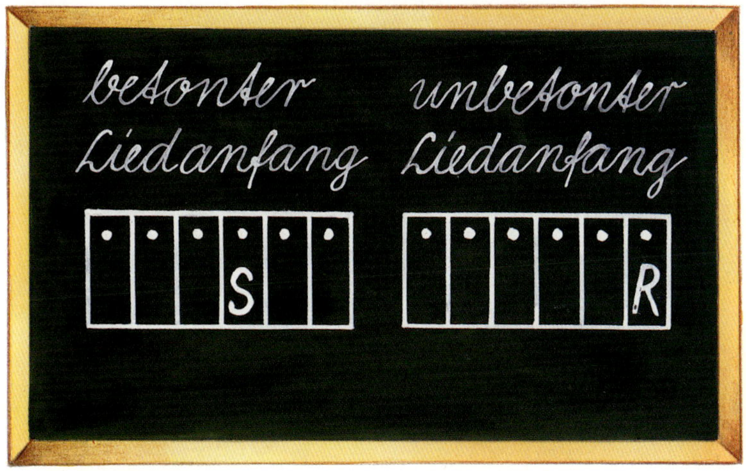

Mutter gab mir eine Krone

Spiellied aus der Slowakei

(Wieder von vorn beginnen.)

▶ Betonter oder unbetonter Liedanfang?

55–58 Klangbeispiele für Klarinette und Horn

Wir kennen:

Zupfinstrumente – Blasinstrumente – Schlaginstrumente – Streichinstrumente

59 ▶ Welche Instrumente hört ihr?

60 „Sniderdanz", ein Volkstanz aus Norddeutschland

▶ Welche Instrumente hört ihr besonders deutlich?

Fügt die fehlenden Instrumentenkärtchen ein!

Der Tanz hat fünf Teile. Den ersten Teil nennen wir Teil A.

▶ Welche Buchstaben gebt ihr den folgenden Teilen?

A				

▶ Bewegt euch zu den einzelnen Teilen!

Ein Tanz zum Musizieren

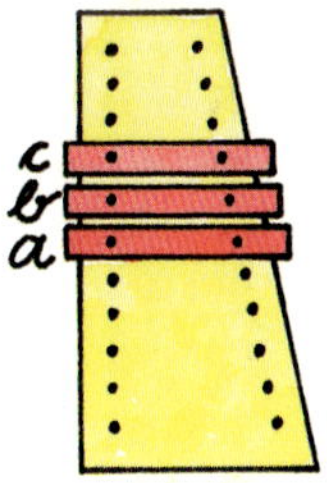

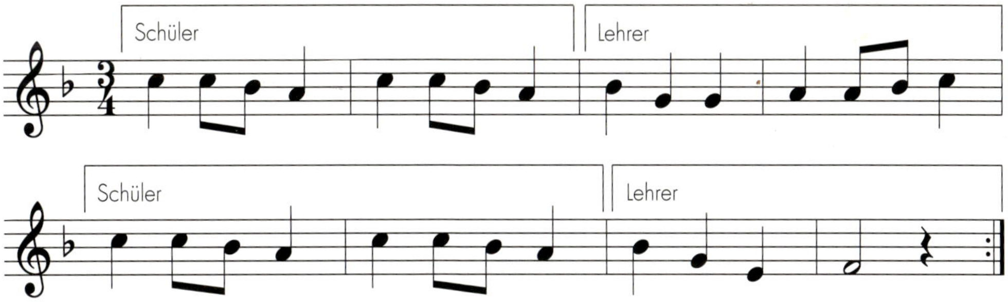

Bei der Wiederholung kommt eine Begleitung hinzu:

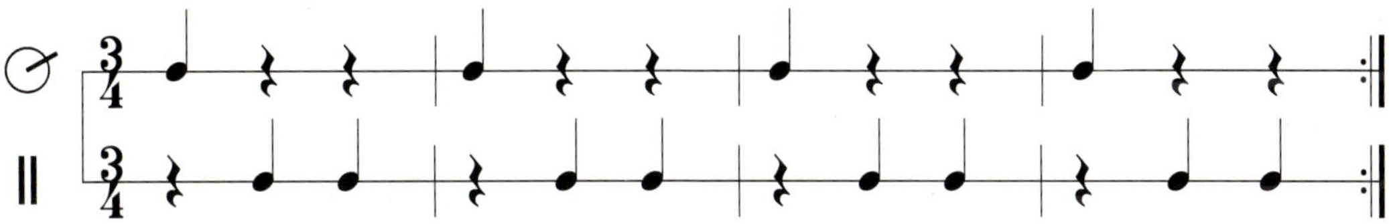

61 ▶ Ihr hört einen Bauerntanz aus Thüringen.
Woher kennt ihr die Hauptmelodie?

Ein Musikstück entsteht

▶ Ihr könnt die Baukastenteile nacheinander musizieren:

▶ Ihr könnt die Reihenfolge auch ändern:

▶ Laßt einmal Xylophon und Glockenspiel gemeinsam spielen:

▶ Und nun die Rhythmusinstrumente:

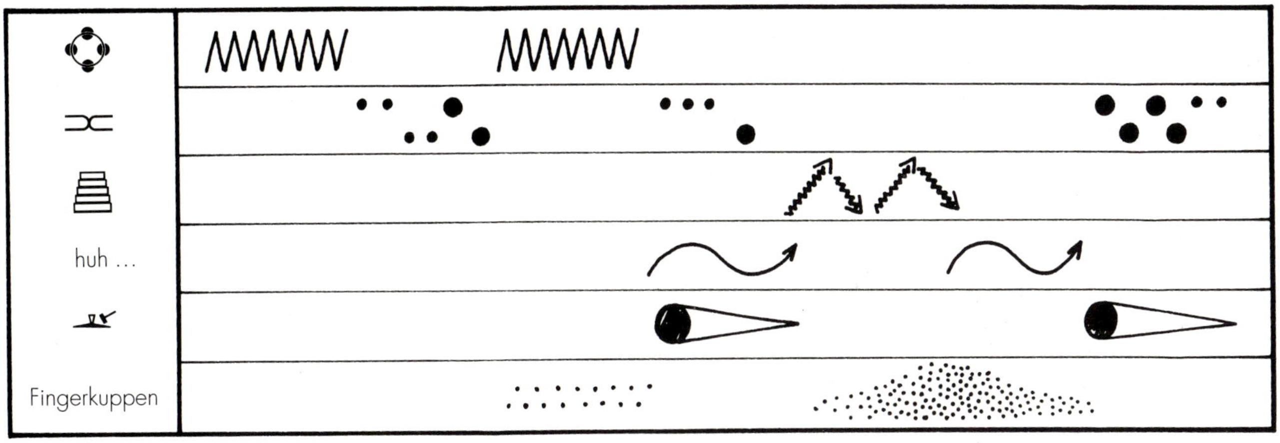

Ihr Blätter, wollt ihr tanzen

Worte: G. Lang

2. Da fuhr er durch die Äste und pflückte Blatt um Blatt.
„Nun ziehen wir zum Feste, nun ziehen wir zum Feste,
nun tanzen wir uns satt."

Regenlied 62

Aus Ungarn
Nachdichtung: James Krüss

2. Regen, Regen, mach uns naß, klopf ans Fenster, tropf ins Faß.

3. Regen, Regen, sing dein Lied, braus im Walde, rausch im Ried.

60 Weißt du, wieviel Sternlein stehen

Worte: Wilhelm Hey

2. Weißt du, wieviel Mücklein spielen in der heißen Sonnenglut,
wieviel Fischlein auch sich kühlen in der hellen Wasserflut?
Gott der Herr rief sie mit Namen, daß sie all ins Leben kamen,
|: daß sie nun so fröhlich sind. :|

3. Weißt du, wieviel Kinder frühe stehn aus ihrem Bettlein auf,
daß sie ohne Sorg und Mühe fröhlich sind im Tageslauf?
Gott im Himmel hat an allen seine Lust, sein Wohlgefallen,
|: kennt auch dich und hat dich lieb. :|

Gebunden gesungen, klingt das Lied besonders schön.

- ▶ Probiert das aus! Bemüht euch um große Atembögen!

63 Georg Friedrich Händel: Konzert für zwei Hörner und Orchester

- ▶ Hörner und Orchester musizieren im Wechsel oder gemeinsam:

- ▶ Wie wirkt diese Musik auf euch?

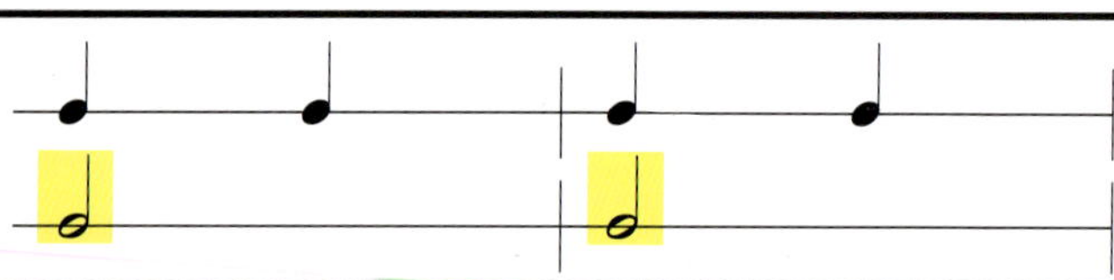

Viertelnoten

halbe Noten

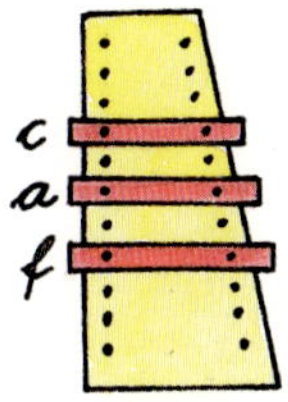

Dreiklangstöne

abwärts / aufwärts

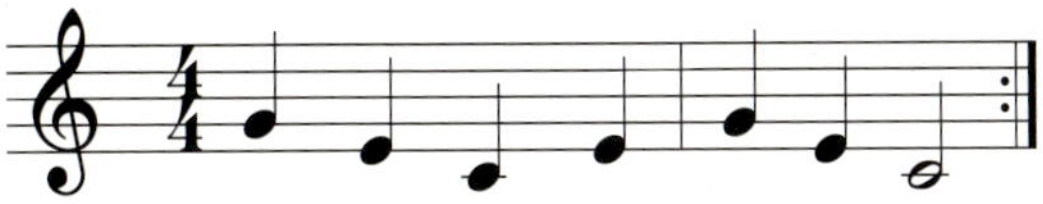

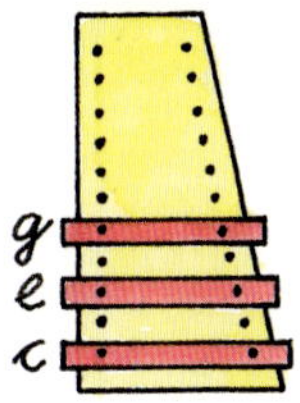

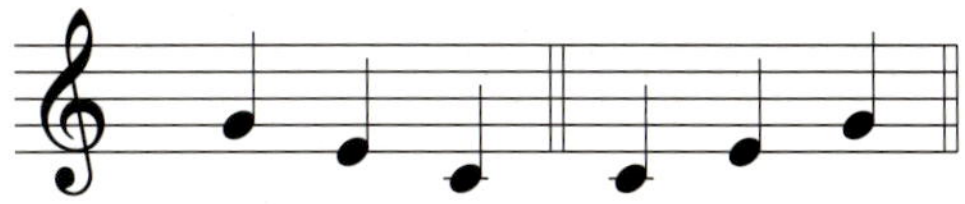

- Welche dieser Lieder beginnen mit Dreiklangstönen aufwärts, welche mit Dreiklangstönen abwärts?

A, a, a, der Winter, der ist da
Guten Morgen, Frau Sonne
Fliege, Schwälbchen, weit
Tanz, tanz, Gretelein

- Summt die Liedanfänge, zeigt die Melodiebewegung mit der Hand!

- Wer kann die Dreiklangstöne gleichzeitig spielen? Hört, wie schön sie klingen!

Der Dreiklang

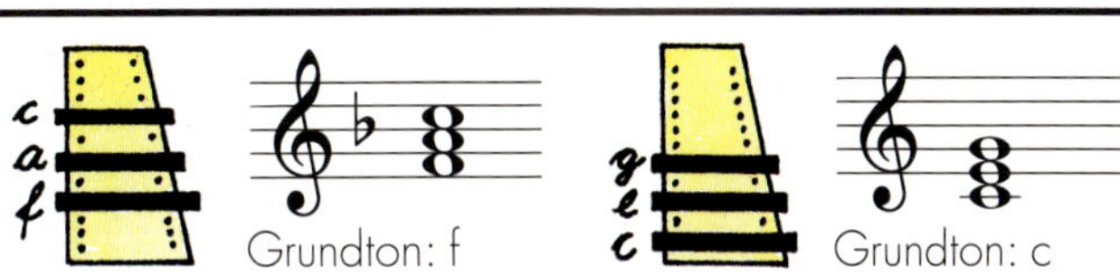

Trommel

Wir brauchen:
Pappeimer
Plastefolie
Schnur...

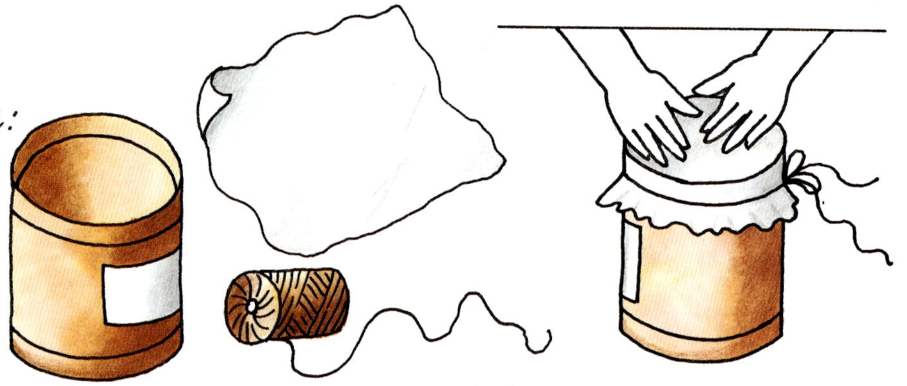

Kronenrassel

...Holzleiste
Kronenkorken
Nägel
Korken
Bohrer...

Raschelfähnchen

...Alufolie
Holzstab
Schere
Kleber...

Erbsenrassel

...Plastebecher
Erbsen
Klebeband

64 ▶ „Didel, dudel, didel" – musiziert in den Zwischenspielen mit!

65 Das Auto von Lucio

Aus Italien
Nachdichtung: Gerhard Schöne

2. Das Brrrm von Lucio, das hat 'n Loch im Reifen. (3x)
Und hat's 'n Loch im Reifen, dann klebt er es zu mit Kaugummi.

3. Das Brrrm von Mmm, das hat 'n Loch im Reifen. (3x)
Und hat's 'n Loch im Reifen, dann klebt er es zu mit Kaugummi.

4. Das Brrrm von Mmm, das hat 'n Ssss im Reifen. (3x)
Und hat's 'n Ssss im Reifen, dann klebt er es zu mit Kaugummi.

5. Das Brrrm von Mmm, das hat 'n Ssss im Krrr. (3x)
Und hat's 'n Ssss im Krrr, dann klebt er es zu mit Kaugummi.

6. Das Brrrm von Mmm, das hat 'n Ssss im Krrr. (3x)
Und hat's 'n Ssss im Krrr, dann klebt er es zu mit
Mnamnamnam.

▶ Ersetzt die Laute auch durch Geräusche von selbstgebastelten Instrumenten!

66/67 Kinderchöre singen: „Auf unsrer Wiese gehet was", „Dilido"

68/69 Ein Frauenchor singt: „Vierundzwanzig Schneider"
und „Pussy cat" von Hanns Eisler

Jägerchor aus der Oper „Der Freischütz"

Carl Maria von Weber schrieb diese Oper vor fast 200 Jahren.
Die Jäger singen von dem Vergnügen, im Wald auf Jagd zu gehen.

70 Ein Männerchor singt.

In dem tschechischen Volkslied „Ging auf den Jahrmarkt ein Bäuerlein" könnt ihr Frauen- und Männerstimmen hören. Es singt ein gemischter Chor.

71 Ein gemischter Chor singt.

Kinderchor Gemischter Chor
Frauenchor Männerchor

66 Wir wollen heute lachen üben

Worte: Volker Rosin
Melodie: Hans Vogel

2. Die Hexen auf dem Besen lachen: hi hi hi hi hi,
kichern über böse Sachen – hi hi hi hi hi …

3. Und jetzt so, wie's die Räuber machen: ho ho ho ho ho,
lachen, daß die Wände krachen – ho ho ho ho ho …

4. Und Schloßgespenster nachts im Bette: hu hu hu hu hu,
lachen schaurig um die Wette – hu hu hu hu hu …

5. Und alle Kinder, große, kleine: ? ? ? ? ?,
lachen jetzt einmal alleine – ? ? ? ? ? … (Wie lachst du?)

A e i o u, . . . machen hu!
E i o u a, der . . sitzt schon da!
I o u a e, im . . Gift, o weh!
O u a e i, die . . . ist hie!
U a e i o, der . . lacht: ho ho!

▶ Suche dir eine Selbstlautreihe aus und sprich sie *stumm* vor der Klasse!
Wer die Reihe erraten hat,
darf die gesamte Zeile
singen und spielen.
Vielleicht so:

▶ Denkt euch weitere Beispiele aus!

2. Tanz, tanz, Hänselein, mit deiner Zipfelmütz! :|
Mußt mich fangen, mußt mich necken,
steh nicht steif da wie ein Stecken!
Tanz, tanz, Hänselein, mit deiner Zipfelmütz!

▶ Tanzt auch zu diesem Lied!

Spiegellied

Gisela am Mihr

Takte 1–4: Die Kinder stehen nebeneinander in zwei Reihen, frontal einander zugewandt. Sie gehen aufeinander zu und zurück.

Takte 5–8: Kinder der einen Reihe machen verschiedene Bewegungen, die von den „Spiegelkindern" nachgeahmt werden.

72 a Die „Musikalische Schlittenfahrt" wurde von Leopold Mozart komponiert, dem Vater von Wolfgang Amadeus.

▶ Musiziert: A B C A oder A B C oder?

72 b Die Schlittenfahrer kehren im Gasthof ein, wo zum Tanz aufgespielt wird. Bevor sie wieder nach Hause fahren, tanzen sie den lustigen „Kehraus":

A

B

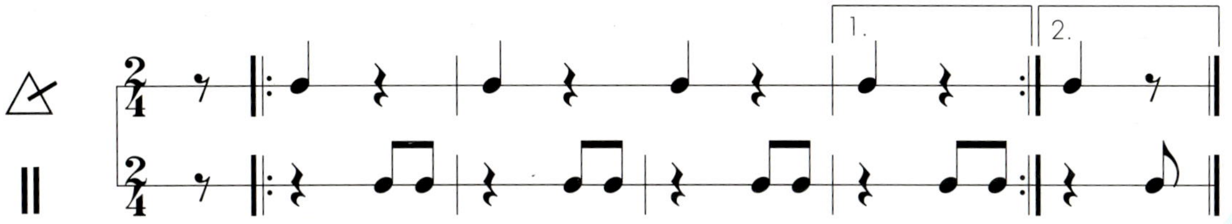

Singen und Musizieren im Dreiertakt

▶ Wer alle Takte zusammenhängend musizieren kann, ist Sieger!

Mit meinem Mädele

▶ Wählt zur Liedbegleitung aus!

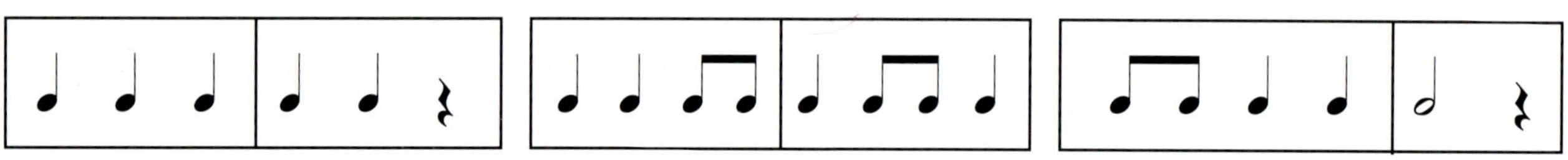

▶ Sprecht zu A:
Laßt uns musizieren!

▶ Sprecht zu B:
Halt den Ton richtig aus!

▶ Sprecht zu C:
Ich spiel mit, nun sind wir zu dritt!

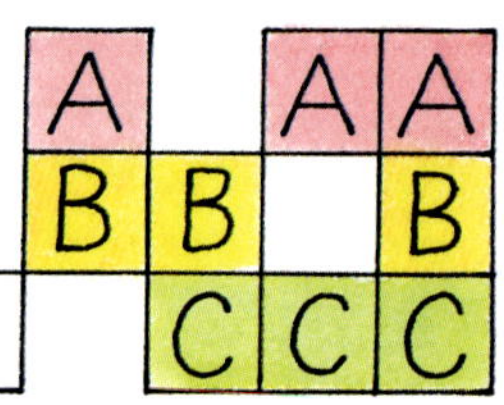

▶ Musiziert die Rhythmen A B C auch, ohne dazu zu sprechen!

▶ Spielt, summt oder singt auf verschiedene Weise den Ton e:

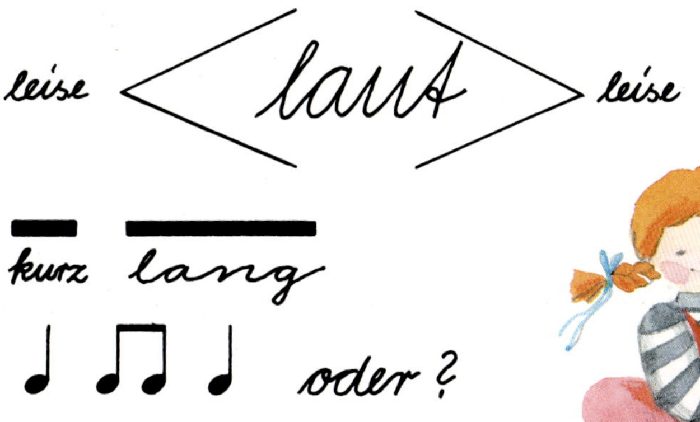

▶ Musiziert diesen Tanz:

A

(Lehrer oder Schüler)

Begleitet mit dem Ton e!

B

Diesen Teil gestaltet ihr selbst mit dem Ton e!
Es können auch Rhythmusinstrumente hinzutreten.

A

(Lehrer oder Schüler)

Begleitet mit dem Ton e!

A B A

▶ Nehmt euer Musizieren auf Tonkassette auf!

73 ▶ Zu diesem Menuett von Leopold Mozart könnt ihr mitmusizieren.

▶ Laßt hören, wie es in der Hexenschule klingt!

Erster Ausritt der Hexenkinder

Worte und Melodie:
Irmgard Krauthoff

2. Sie pfeifen, kichern, heulen,
sie rütteln derb am Dach.
Sie klirren an den Fenstern.
Warum wird niemand wach?
Sieben Hexenkinder …

3. Jetzt wird der Hofhund munter.
Das ist ihm doch zu dumm!
Die Hexenkinder zittern
und kehren schleunigst um.
Sieben Hexenkinder …

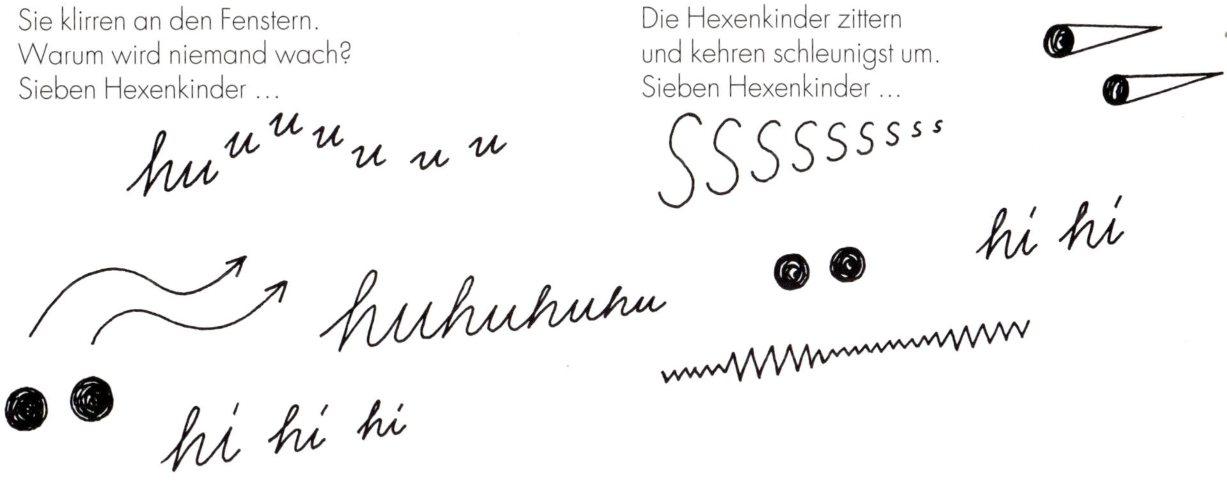

Hol dein Fahrrad aus dem Keller

74

Worte und Melodie:
Margrit Küntzel-Hansen

2. Für dein Fahrrad ist beim Parken immer eine Lücke frei.
   Auf dem Radweg radelst du an dem Auto schnell vorbei.

3. Kein Benzingeruch begleitet deine Fahrt ins freie Feld.
   Kein Gequietsche und Geknatter stört die Ruhe deiner Welt.

▶ Wer kann das Lied begleiten?

tsch tsch tsch tsch tsch tsch tsch tsch
tsch tsch tsch tsch tsch tsch tsch tsch tsch tsch
tsch tsch tsch tsch tsch tsch tsch tsch tsch
tsch tsch tsch tsch tsch

- Ahmt die Geräusche einer Dampflok nach!
- Laßt sie abfahren, ankommen, halten, vorbeifahren, langsamer oder schneller fahren!
- Könnt ihr es jeweils auf einen Atembogen?

Worte und Melodie: Hering/Meyerholz

1. Wagen dran, Wagen dran,
   hängt noch ein paar Wagen dran.
   Türen zu! Türen zu! Türen lieber zu.
   Eisenbahn, Eisenbahn ...

2. Brücke kommt, Brücke kommt.
   Achtung, eine Brücke kommt.
   Unten durch! Unten durch! Wir fahrn unten durch.
   Eisenbahn, Eisenbahn ...

3. Bummelzug, Bummelzug,
   wir fahrn mit dem Bummelzug.
   Langsam geht's! Langsam geht's!
   Langsam geht's voran.
   Eisenbahn, Eisenbahn ...

4. Kurve fahrn, Kurve fahrn,
   ganz schräg in die Kurve fahrn,
   Kurve fahrn, Kurve fahrn! Mit der Eisenbahn.
   Eisenbahn, Eisenbahn ...

5. Schneller fahrn, schneller fahrn,
   schneller fährt die Eisenbahn.
   Hundertachtzig fahrn! Hundertachtzig fahrn!
   Mit der Eisenbahn.
   Eisenbahn, Eisenbahn ...

6. Hauptbahnhof, Hauptbahnhof,
   Zug fährt in den Hauptbahnhof.
   Bis er steht! Bis er steht!
   Bis er endlich steht.

- Bewegt euch so, wie es in den Strophen beschrieben ist!

Siebensprung

75

Überliefert

Das ist vier!

Das ist fünf!

Das ist eins!

*Bei jedem weiteren Durchsingen wird wieder begonnen mit „Das ist eins…" bis „Das ist sechs". Dann folgt der Schluß.

Das ist sechs!

Das ist zwei!

Das ist drei!

Das ist sieben!

Volkstümlich

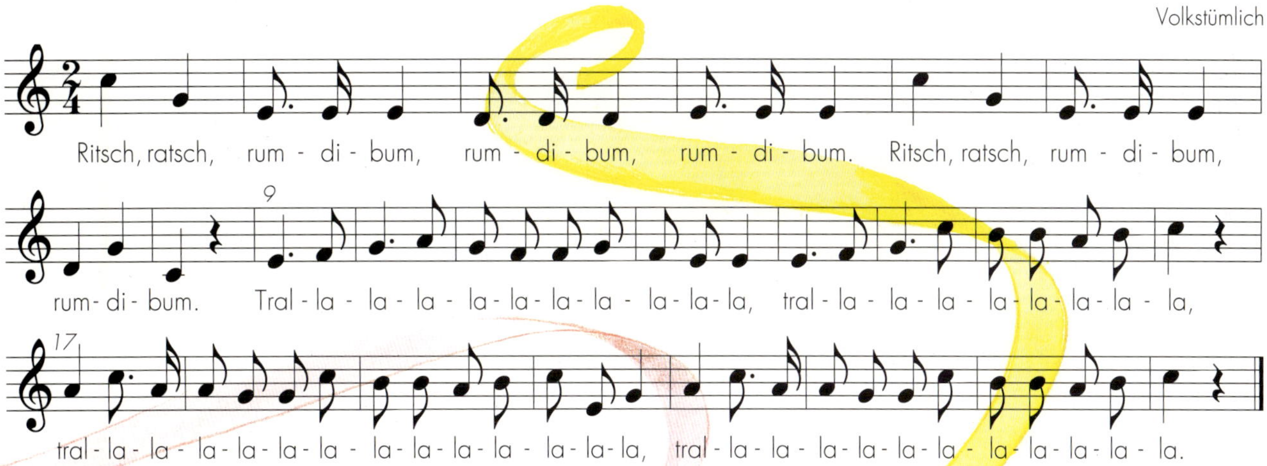

Ein Klavierkonzert

76 a–c ▶ Ihr hört drei Klavierstücke von Edvard Grieg. Welche Überschrift paßt zu welchem Stück: „Kobold", „An der Wiege", „Schmetterling"?

▶ Malt zu einem dieser Stücke!

77 ▶ Ihr hört einen Ausschnitt aus einem Klavierkonzert von Wolfgang Amadeus Mozart.

Es musizieren im Wechsel:

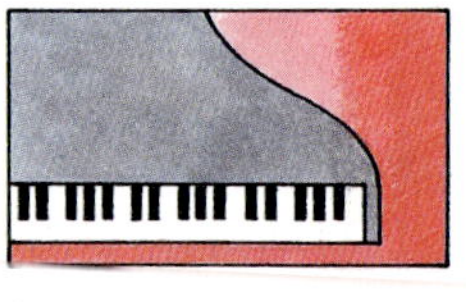

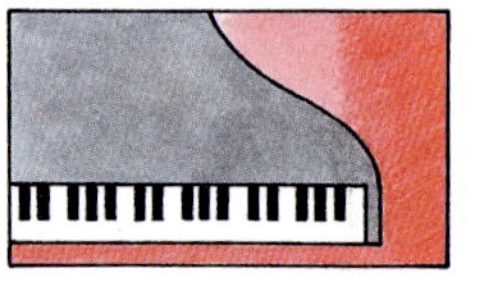

Wilde Esel

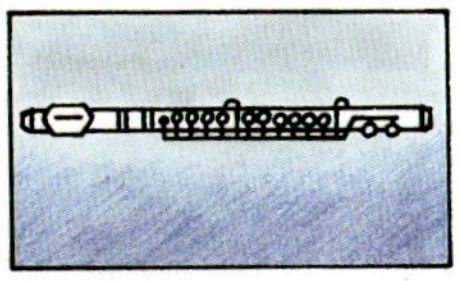

78 a–d Aus „Karneval der Tiere" von Camille Saint-Saëns: „Wilde Esel", „Elefant", „Aquarium", „Vogelhaus"

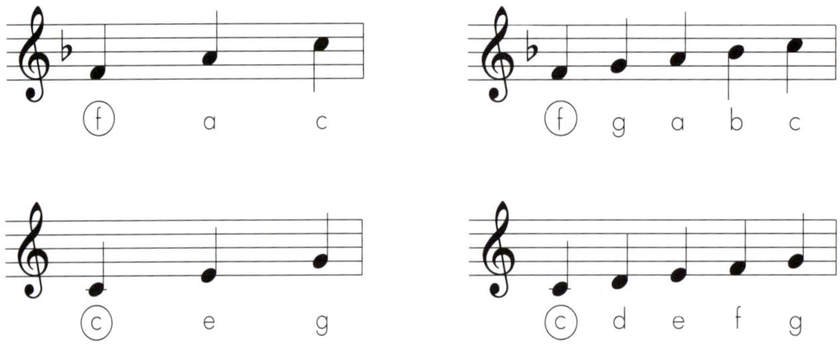

Dreiklangstöne

Fünftonreihe

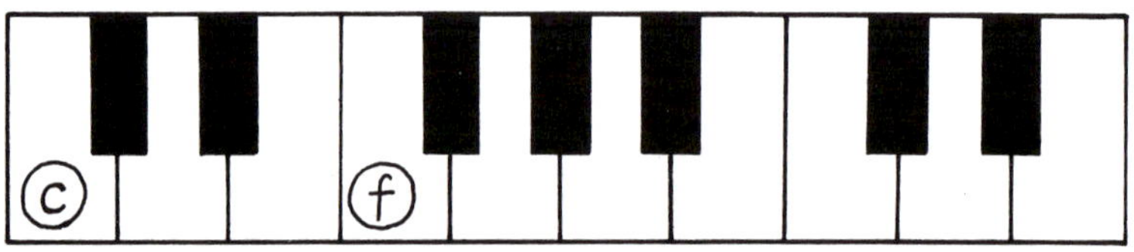

▶ Woran erkennt ihr Tonschritte, Tonsprünge, Tonwiederholungen?

Wie ich in den Wald hineinruf',
so schallt es heraus.

▶ Singt diesen Vers mit den Tönen der Fünftonreihe:

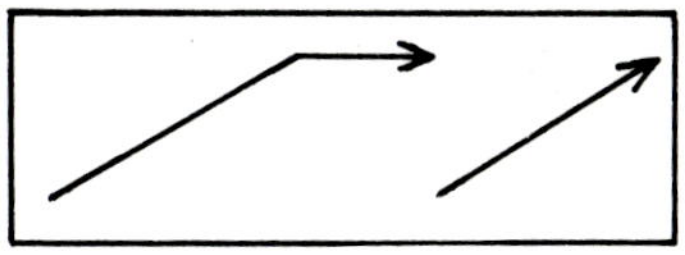 oder 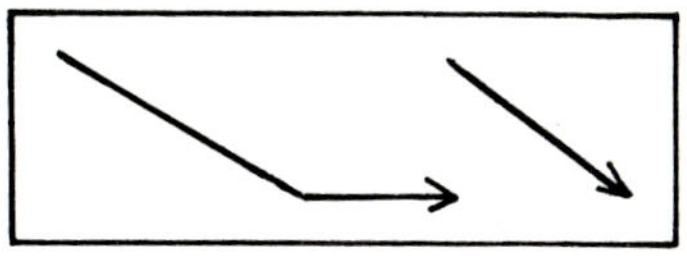 oder 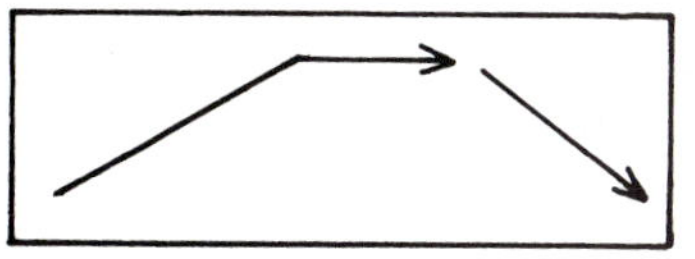

▶ Summt den Anfang des Liedes „Hopp, hopp, hopp, Pferdchen, lauf Galopp" und zeigt die Melodierichtung mit!

▶ Wo hört ihr Dreiklangstöne, wo die Fünftonreihe?

Hopp, hopp, hopp, Pferd-chen, lauf Ga-lopp.

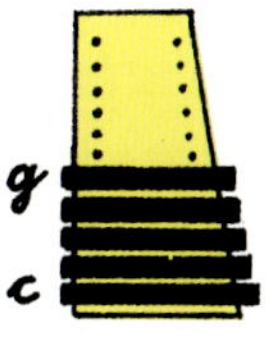

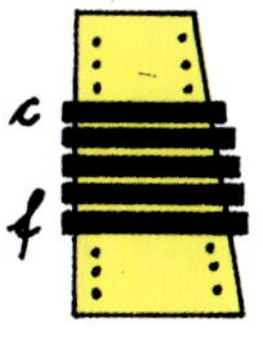

▶ Kennt ihr diese Lieder?

▶ Singt alles, was am Blumenstand gesprochen wird, zum Beispiel:

„Guten Tag, Frau Müller."
„Guten Tag, Frau Klein."

„Ich möchte einen Blumenstrauß."
„Suchen Sie sich einen aus!"

„Was kosten die Nelken dort auf dem Tisch?"
„Sie kosten 10.50 – sie sind ganz frisch."

„Wollen Sie die Blumen heut' für Ihren Sohn?"
„Ja, er hat Geburtstag, wird 8 Jahre schon."

▶ Gestaltet so ein Gespräch auch mit Instrumenten!

Ein Holzschuhtanz

79

Worte und Melodie: überliefert

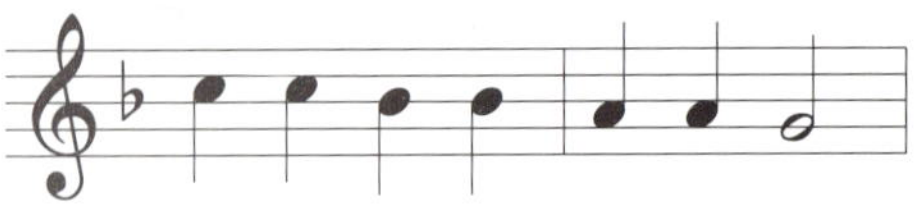

einstimmig

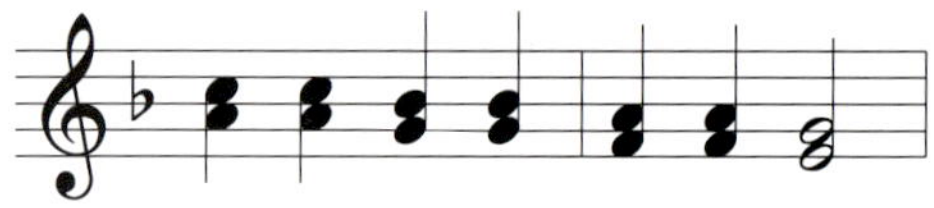

zweistimmig

Das Abc 80

▶ Woran erkennt ihr im Notenbild, von welcher Stelle an eine zweite Stimme hinzukommt? Hört dazu auch die Tonaufnahme!

▶ Die Melodie des Abc-Liedes wird auch mit dem Text „Morgen kommt der Weihnachtsmann" oder „Morgen wolln wir Hafer mähn" gesungen.

81 Wolfgang Amadeus Mozart hat ein Musikstück für Klavier geschrieben, in dem eine euch bekannte Melodie erklingt. Manchmal ist sie deutlich zu hören, manchmal „versteckt" sie sich.

82 a–d ▶ Welche zwei Instrumente musizieren jeweils zusammen?

▶ Probiert, auf Xylophon oder Glockenspiel zweistimmig zu spielen!

In diesem Musikstück musizieren zwei Blockflöten miteinander.

83

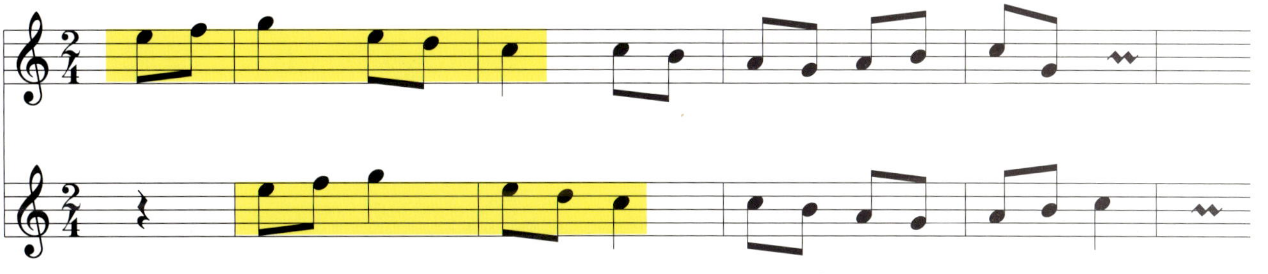

Später kommen zwei Trommeln hinzu.

86 Wolfgang Amadeus Mozart

Wolfgang Amadeus Mozart wurde vor fast 250 Jahren in Salzburg geboren.
Schon im Alter von drei Jahren war ihm das Musizieren die liebste Beschäftigung. Er konnte Noten lesen und schreiben, ehe er in die Schule ging. Gern dachte er sich selbst Musikstücke aus. Sein Vater, Leopold Mozart, gab ihm Unterricht im Klavier- und Geigenspiel. Mit 6 Jahren gab Wolfgang bereits Konzerte. Nannerl, die größere Schwester, musizierte gern mit ihm gemeinsam. Oft ging der Vater mit den Kindern auf Konzertreisen. Wolfgang und Nannerl lernten dabei fremde Städte und Länder kennen.

Menuett

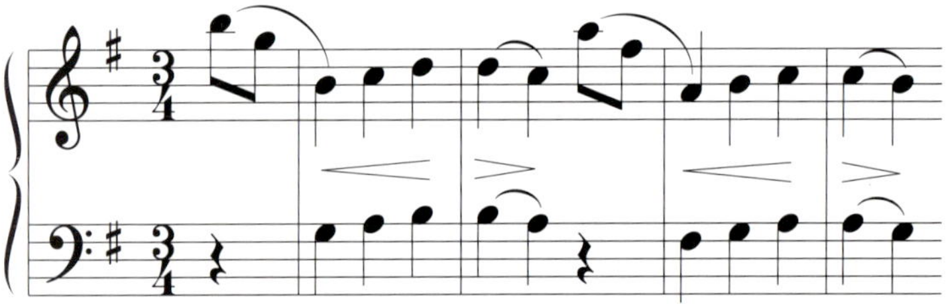

84 Menuett, komponiert 1761

85 „Komm, lieber Mai …"

Robert Schumann wurde vor etwa 180 Jahren in Zwickau geboren. Schon als Kind hatte er viel Freude am Musizieren, vor allem am Klavierspiel. Es machte ihm großen Spaß, selbst Melodien zu erfinden. Als junger Mann studierte Robert Schumann in Leipzig Musik. Er schrieb viele Werke, die heute noch gern musiziert und gehört werden. Auch Klavierstücke für Kinder sind dabei.

Fröhlicher Landmann

In Zwickau könnt ihr das
Robert-Schumann-Museum besuchen.

Ritter vom Steckenpferd

86–88 Robert Schumann: „Fröhlicher Landmann“, „Ritter vom Steckenpferd“, „Knecht Ruprecht“

Bruder Jakob

Begleitstimmen:

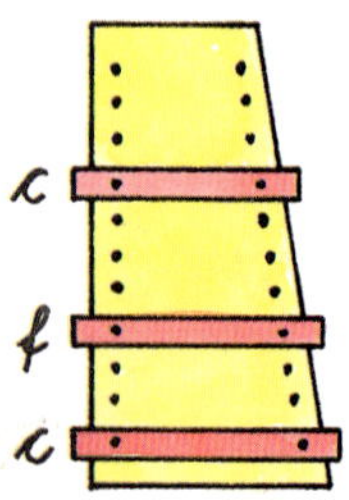

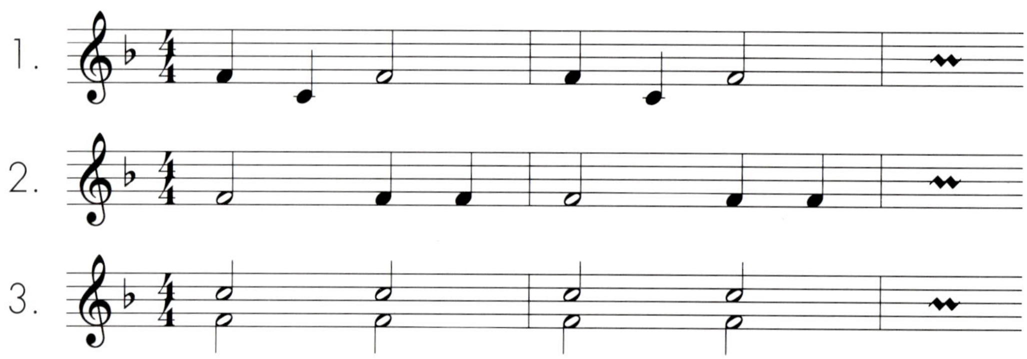

▶ Spielt eine der Begleitstimmen zum Lied!

▶ Versucht zu hören, welche Stimme erklingt, auch wenn ihr den Spieler nicht seht!

89 ▶ Hört das Lied „Bruder Jakob" zweistimmig gesungen! Versucht, eine Stimme mitzusingen!

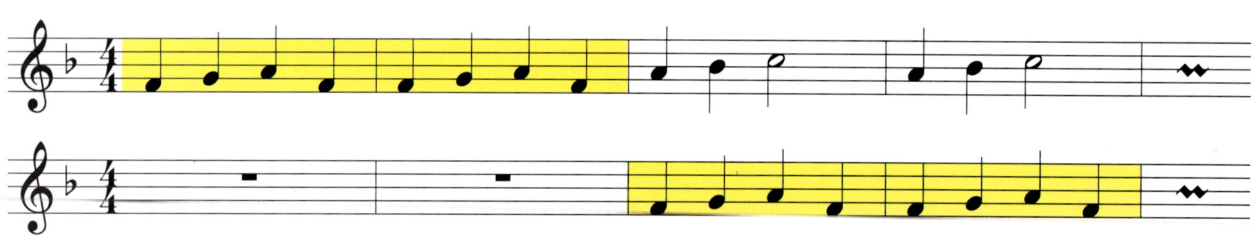

Aus Rußland
Nachdichtung: Heidi Kirmße

2. Mücklein hat die flinksten Beine,
tanzt noch spät im Mondenscheine.

3. Mika bläst aus vollen Lungen,
Brummbär hat den Baß gesungen.

4. Spielmann, schau uns nicht so bös an!
Hast wohl länger keinen Spaß dran.

5. Hör nun auf, pack deinen Ranzen,
willst ja schließlich auch mal tanzen.

▶ Stellt aus den rhythmischen Bausteinen eine Begleitung zusammen!

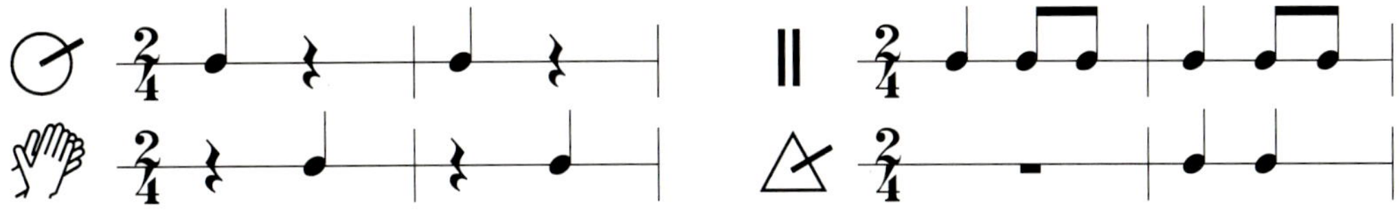

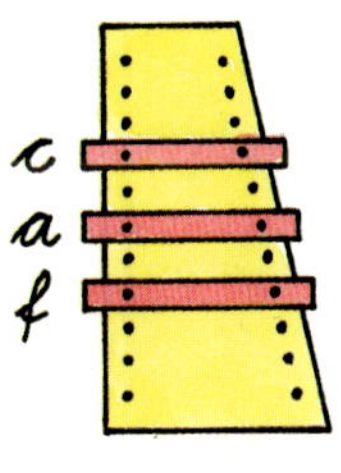

▶ Mit einem Stabspiel könnt ihr auch so begleiten:

Wir hören	Wir musizieren mit Instrumenten	Klangzeichen
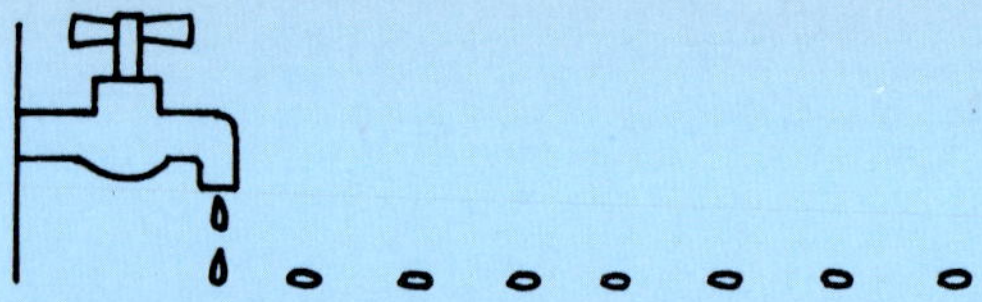 Wassertropfen: blub, blub …	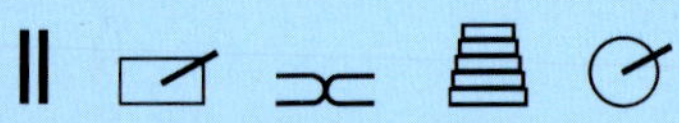	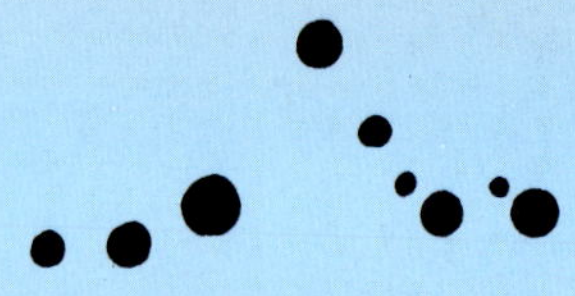 Punktklänge
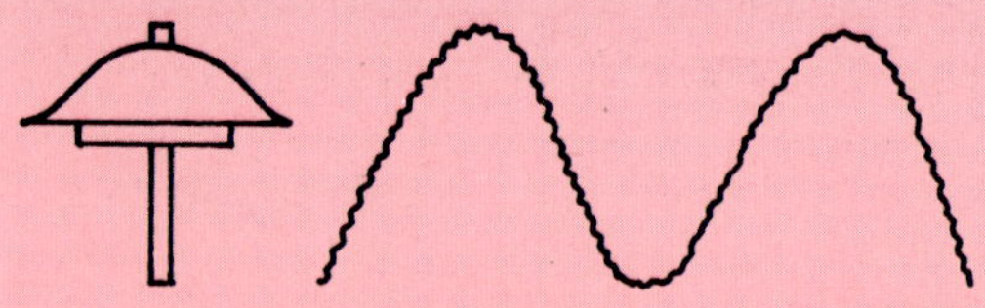 Sirenenklänge gleiten auf und ab	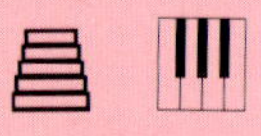	 Glissando aufwärts abwärts
 Glockenklänge verhallen	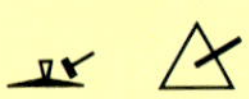	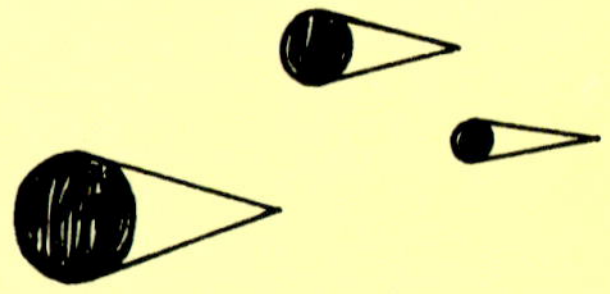 Hallklänge
 Das Hämmerchen der Klingel bewegt sich sehr schnell	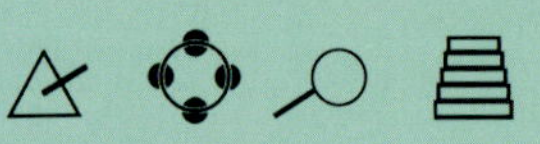	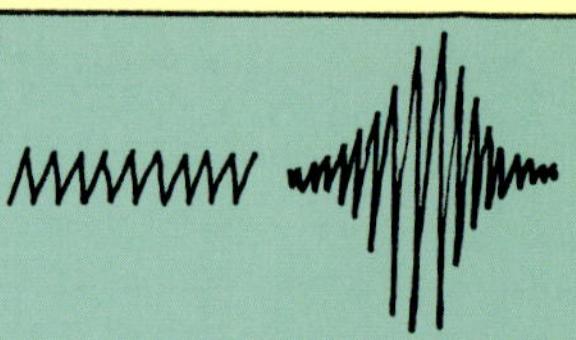 Bewegungsklänge

▶ Wählt Instrumente aus und musiziert gemeinsam diese Folge. Beachtet dabei unterschiedliche Klanghöhen und Lautstärken:

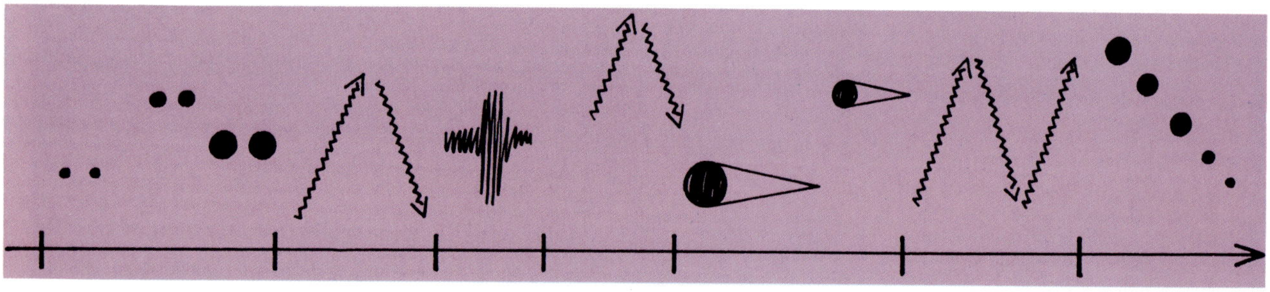

▶ Denkt an ein lustiges Erlebnis – schreibt dazu eine Klangfolge auf und musiziert sie!

▶ Gestaltet „Gespräche" zwischen verschiedenen Instrumenten. Die Zuhörer sollen erkennen, ob es dabei fröhlich, nachdenklich, ... zugeht.

▶ Hier ist ein „Gespräch" zwischen Instrumenten aufgeschrieben. Musiziert es!

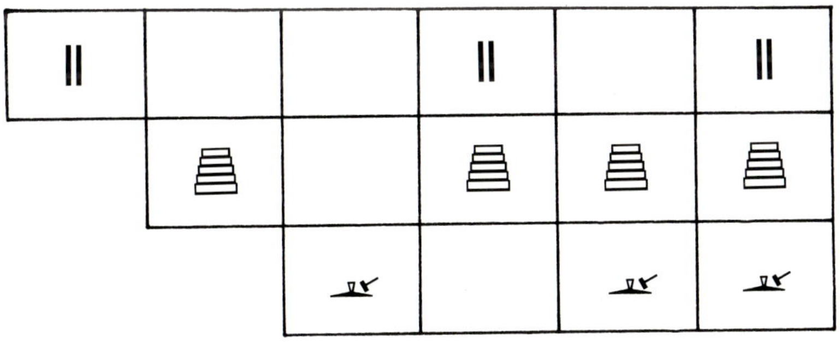

90 ▶ Im Musikstück „Der Flötenspieler" könnt ihr erleben, wie sich Musikinstrumente miteinander „unterhalten".

92 Der Futterdieb im Hühnerstall

(Hund, Katze und Schaf)
„Wuff, was ist das für ein Lärm in dem Hühnerstall? Wuff, wuff, wuff!"
„Miau, miau, vielleicht ein neuer Fall?"
„Mäh, Herr Wuff, mäh, mäh, Frau Miau, Sie haben ja so recht,
den Hühnern wurde Korn gestohlen, verriet mir grad der Specht."
„Wuff, dann ist die Sache klar."
„Miau, ich denke auch."
„Doch zuerst, mäh, singen wir, wie es bei uns Brauch."

Worte und Melodie:
Manfred Kluger

(Hühner)
„Jede Nacht, doock, welch ein Graus, raschelt es im Stalle." „Und ein Dieb, tschiep, welch ein Schreck, stiehlt die Körner alle, daack!"

(Specht)
„Tack, tack, tack, ihr glaubt es nicht, doch ich hab entdeckt,
wo der Futterdieb, der Wicht,
sich am Tag versteckt."

(Hund)
„Wuff, heraus, du böses Tier,
du diebischer Geselle!
Wir sperren jeden Räuber ein
in eine finstre Zelle!"

(Alle)
Ach, du bist es, kleine Maus! Komm aus deinem Häuschen!
Laß uns mit dir Körner teilen, sei nicht ängstlich, Mäuschen!
Sei willkommen, neuer Freund! Stellt euch auf im Kreise! Singt gemeinsam nun mit uns unsre schöne Weise:
„Wir sind die Meisterdetektive ..."

(Einige Kinder begleiten mit Instrumenten. Auch die Tierstimmen können noch einmal zu hören sein.)

91 a–c ▶ Der russische Komponist Modest Mussorgski schrieb ein Musikstück mit dem Titel „Ballett der Küchlein in ihren Eierschalen". Ihr hört es auf verschiedene Weise musiziert. Dazu könnt ihr auch malen!

▶ Was stimmt hier nicht?

1 

Hinter unserm Ofen spielen die Mücken

2 

A b c d e f g

3 

Komm zu mir, komm zu mir, reich mir die Hand

4 

Ei, so wickeln wir, ei, so wickeln wir

5 

Meine Blümchen haben Durst

„O weh! Alle Buchstaben sind durcheinander-geraten. Welcher Komponist soll das sein?"

TREBOR MUNNASCH

1

2

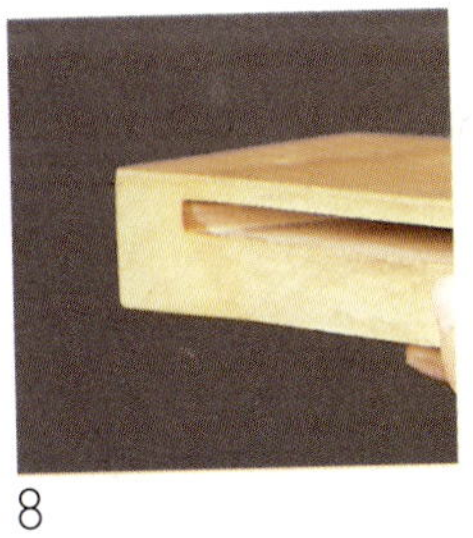

8

3

5

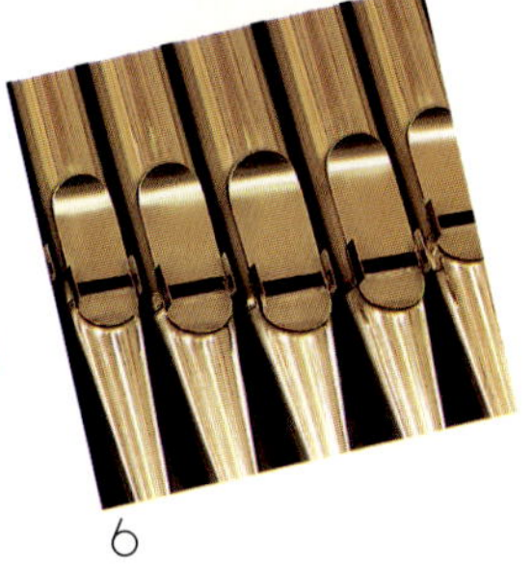

6

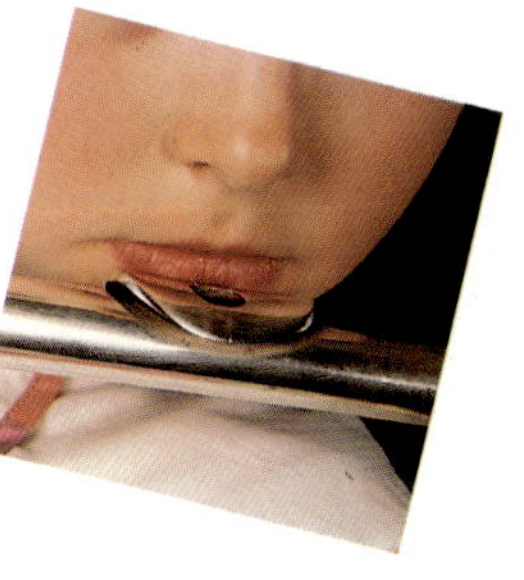

7

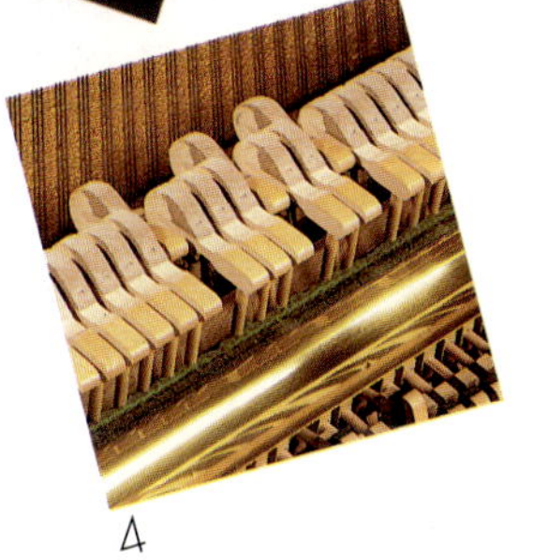

4

▶ Erkennt ihr alle diese Instrumente?
Schreibt ihre Namen in der Reihenfolge auf, die die Zahlen angeben!
Wenn ihr nun aus jedem Wort den dritten Buchstaben herausschreibt, erhaltet ihr den Namen eines weiteren Instruments.

Mus, ick krieg di, Mus, ick krieg di, Mus, ick krieg di ganz gewiß!

Kater, ick segg di, Kater, ick segg di, Kater, ick segg, dat deihst du nich.

92 Katz und Maus

93/94 ▶ Diese Volkstänze heißen „Klatsch-Kontra" und „Rühler Springer".
Denkt euch zu den einzelnen Teilen unterschiedliche Bewegungen aus!

Worte und Melodie: Leo Rinderer
2. und 3. Strophe: Hans Vogel

2. Packe deinen Rucksack fein,
leg hinein: Sonnenschein,
wandre froh durch Wald und Feld.
O du schöne Welt!

3. Baden in dem kühlen See,
spring hinein mit Juchhe,
danach geht es doppelt gut,
nimm den Wanderhut!

▶ Begleitet den Kehrreim:

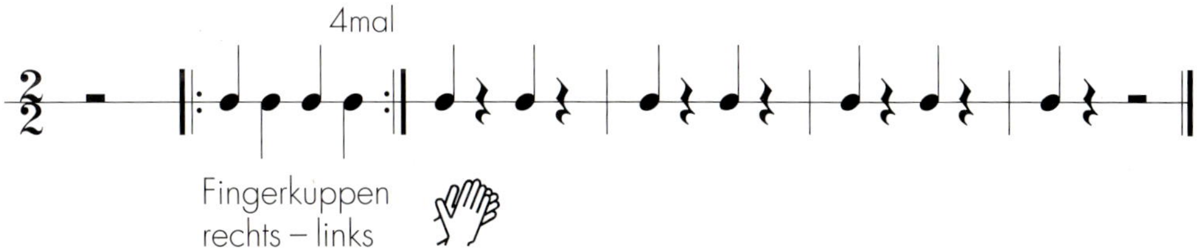

Frau Holle

2. Frau Holle, Frau Holle,
die guckt zu ihrem Haus heraus,
wie sieht die Welt so prächtig aus!
Da kommt ein armes Mägdelein,
das rufet sie zu sich herein.
Frau Hi-Ha-Holle …

3. Frau Holle, Frau Holle,
die schüttelt mit dem Mägdelein
viel blitzeweiße Flöckchen fein.
Da freuen sich die Kinder sehr,
die beiden schütteln immer mehr.
Frau Hi-Ha-Holle …

Frau Holle, es ist Winter

Worte: Effi Bergmann · Melodie: Thomas Natschinski

2. Wir wolln den Schneemann bauen im Garten vor dem Haus.
Wann schüttelst du die grauen Schneewolkenbetten aus?

3. Geputzt sind unsre Schlitten, die Kufen sind geschmiert.
Jetzt möchten wir drum bitten, daß es bald schneit und friert.

4. Was läßt du dich erst mahnen, es ist schon längst soweit.
Wir brauchen Rodelbahnen! Verschlaf bloß nicht die Zeit!

Rodellied

Worte: Christel König
Melodie: Siegfried Bimberg

2. Flocken wirbeln, Frost, der kracht,
   Winter ist so schön.
   Wer Angst hat, der wird ausgelacht.
   Wir wollen rodeln gehn.

3. Rote Nase, Eis im Haar,
   Winter ist so schön,
   kälter als im vor'gen Jahr.
   Wir wollen rodeln gehn.

Der Schneemann

Worte: Nora Scholly
Melodie: Irmgard Krauthoff

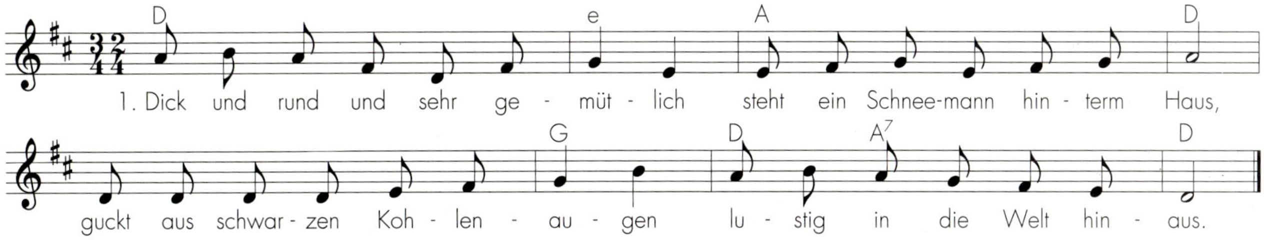

2. Kühn auf seinem großen Kopfe
   trägt er einen alten Hut,
   eine gelbe Rübennase
   steht ihm ganz besonders gut.

3. In dem Arm hält er den Besen,
   droht damit ganz fürchterlich.
   Doch im Schnee zwei kleine Spatzen
   fürchten nicht ein bißchen sich.

4. Unternehmend, keck und schneidig
   piepsen sie ihn tapfer an,
   denn sie sehen alle beide,
   daß er sich nicht rühren kann!

Später Schnee

Worte: L. Maurus

2. Lenzbub steht vor dem Haus,
   jagt dich zum Land hinaus;
   Lenzbub hat frohen Mut,
   Sonn' ist ihm gut.

3. Star sagt zu seiner Frau:
   Bald lacht der Himmel blau,
   dann geht der letzte Schnee
   vollends ade!

Wir singen mal gemeinsam

Worte und Melodie: Klaus W. Hoffmann

2. Wir summen mal gemeinsam eine kleine Melodie: Hm hm hm hm …
So fangen wir zu summen an,
ein jeder summt, so leis er kann: Hm hm hm hm …

3. Wir pfeifen mal gemeinsam eine kleine Melodie: Dü dü dü dü …
Wir pfeifen wie ein Finkenpaar,
so hoch, so schön, so wunderbar: Dü dü dü dü …

4. Wir brummen mal gemeinsam eine kleine Melodie: Rm rm rm rm …
Wir brummen wie ein Bärenchor,
das klingt uns allen tief im Ohr: Rm rm rm rm …

Wenn Fastnacht ist

Worte: Lena Foellbach
Melodie: Carl-Ernst Teichmann

2. Wenn Fastnacht ist, wenn Fastnacht ist,
da schaut uns nur mal an;
es tanzt Dornröschen mit dem Clown,
es tanzt der Hampelmann.

3. Wenn Fastnacht ist, wenn Fastnacht ist,
da bleibt kein Kind zu Haus;
und wer nicht mit uns lustig ist,
den lachen wir nur aus.

Winters Abschied

2. Winter, ade!
Scheiden tut weh!
Gerne vergeß ich dein,
kannst immer ferne sein.
Winter, ade! Scheiden tut weh!

3. Winter, ade!
Scheiden tut weh!
Gehst du nicht bald nach Haus,
lacht dich der Kuckuck aus.
Winter, ade! Scheiden tut weh!

Märzlied

Worte: Abraham Fröhlich
Melodie: Adolf Wendt

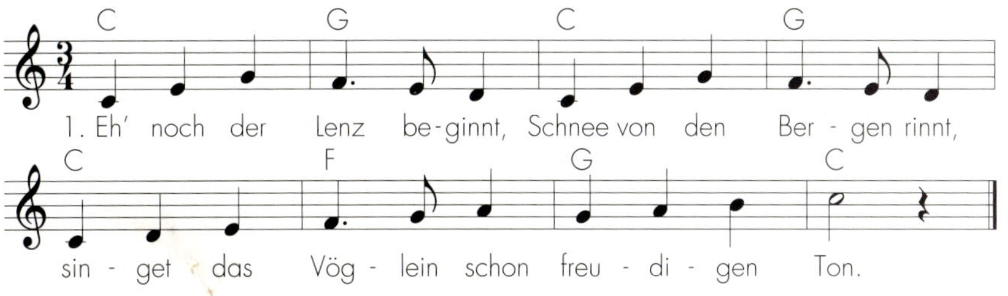

2. Noch blüht kein Veilchen blau,
noch ist der Wald so grau,
was mag das Vögelein
denn so erfreun?

3. Wärme und heller Schein
hauchen ihm Ahnung ein:
Bald kommt mit neuem Glück
Frühling zurück.

Die kleinen Weidenkätzchen

Worte: Johanna Kraeger
Melodie: Irmgard Krauthoff

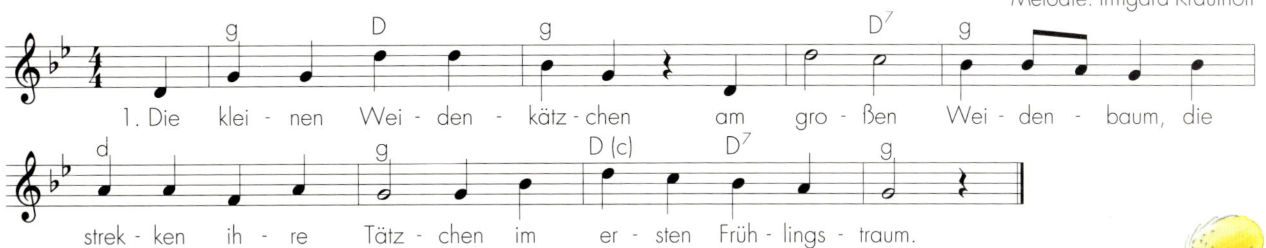

2. Die Sonne hat geschienen,
da blühten sie voll Kraft.
Es kamen all die Bienen
und sogen süßen Saft.

3. Sie bauen goldne Waben
in ihrem Bienenhaus
und können Honig haben
aus jedem Kätzchenstrauß.

4. Weil wir gern Honig essen,
ich grade so wie du,
drum lassen wir indessen
die Kätzchen schön in Ruh!

Osterhasenlied

Worte und Melodie: Magdalena Kemlein

2. Kommt nur, kommt, was liegt hier unterm Busche,
kommt nur, kommt, was liegt hier unterm Busch?
Im Hasennest ein buntes Ei,
und Zuckerwerk ist auch dabei.
Kommt nur, kommt, was liegt hier unterm Busch?

3. Dank dir, Dank, du lieber Osterhase,
Dank dir, Dank, du lieber Osterhas!
Wir singen dir dies Liedchen schön,
im nächsten Jahr „Auf Wiedersehn"!
Dank dir, Dank, du lieber Osterhas!

Die Schwalbe

Ukrainisches Vokslied · Nachdichtung: Irmgard Krauthoff

2. Morgens früh bis spät zum Abend
baut sie an dem Nestchen klein,
und dabei ganz unermüdlich
zwitschert sie ihr Liedchen fein.

3. Doch wenn dann die Sonne schwindet
und im Haus kein Kind mehr wacht,
dann ist auch die Schwalbe müde,
ruht sich aus die ganze Nacht.

4. Zeitig schon am nächsten Morgen
setzt sie ihre Arbeit fort,
und ihr muntres Liedchen zwitschern
hört ihr sie bald hier, bald dort.

Liebe Mutter, liebe Mutter

Worte: Rudolf Otto Wiemer
Melodie: Herbert Beuerle

2. Liebe Sonne, liebe Sonne, schein hell und schein klar,
und schenke der Mutter ein fröhliches Jahr.

Weil heute dein Geburtstag ist

Worte: Kurt Hängekorb
Melodie: Siegfried Bimberg

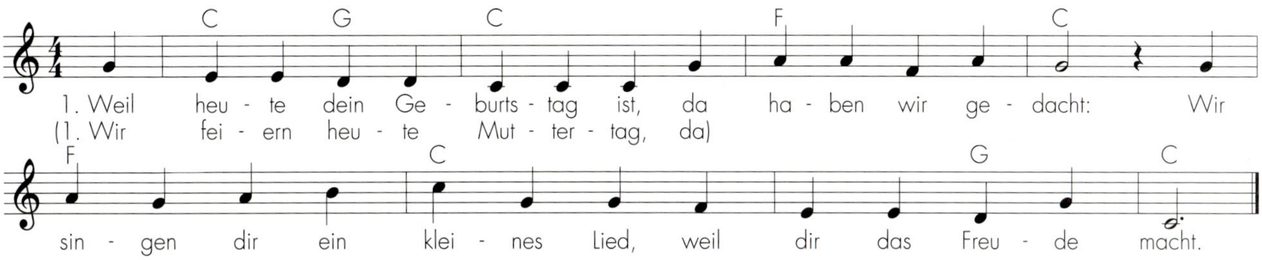

2. Sogar ein bunter Blumenstrauß
schmückt heute deinen Tisch.
Wenn du den Strauß ins Wasser stellst,
dann bleibt er lange frisch.

3. Und wenn du einen Kuchen hast,
so groß wie 'n Mühlenstein,
und Schokolade auch dazu,
dann lad uns alle ein.

Glückwunsch

Aus England

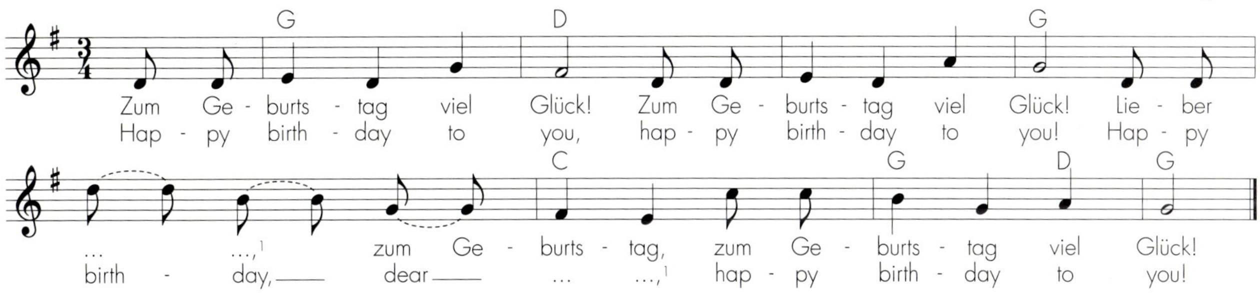

[1] Den jeweiligen Namen einsetzen

Der Kuckuck und der Esel

Worte: Heinrich Hoffmann von Fallersleben
Melodie: Karl Friedrich Zelter

2. Der Kuckuck sprach: „Das kann ich!"
und hub gleich an zu schrein.
„Ich aber kann es besser!" fiel gleich der Esel ein.

3. Das klang so schön und lieblich,
so schön von fern und nah;
sie sangen alle beide: „Kuckuck, Kuckuck!" „I-a!"

Auf unsrer Wiese gehet was

1. Strophe: Heinrich Hoffmann von Fallersleben; 2. Strophe: Rudolf Löwenstein

2. Ihr denkt, das ist der Klapperstorch,
watet durch die Sümpfe,
er hat ein weißes Röckchen an,
trägt auch rote Strümpfe,
fängt die Frösche schnapp, schnapp, schnapp,
klappert lustig klapper di klapp –
nein, das ist Frau Störchin.

Meine Blümchen

Worte: Christian Dieffenbach · Melodie: Karl-August Kern

2. Frisches Wasser hol ich euch,
wartet nur ein Weilchen,
wartet nur, ihr Röslein rot
und ihr blauen Veilchen.

3. Seht, hier habt ihr Wasser schon,
trinkt nur mit Behagen;
blüht und duftet nur recht lang,
wollt ihr Dank mir sagen.

Kommt die liebe Sommerszeit

Worte und Melodie: Hans Poser

2. Wenn du dann den Kuckuck fragst,
wie lang du noch leben magst,
ruft der Kuckuck, Kuckuck, Kuckuck,
der Kuckuck wohl hundertmal.

3. Hast du einen Pfennig dann,
wirst du wohl ein reicher Mann,
weil der Kuckuck, Kuckuck, Kuckuck,
der Kuckuck das machen kann.

4. Hast du keinen Pfennig nicht,
bleibst du stets ein armer Wicht,
doch den Kuckuck, Kuckuck, Kuckuck,
den Kuckuck, den kümmert's nicht.

Trarira, der Sommer, der ist da

Melodie: Carl Maria von Weber

2. Wir wollen an die Hecken
und wolln den Sommer wecken.

3. Der Sommer hat gewonnen,
der Winter hat verloren.

Mein Hut, der hat drei Ecken

Melodie: nach einer neapolitanischen Canzonetta

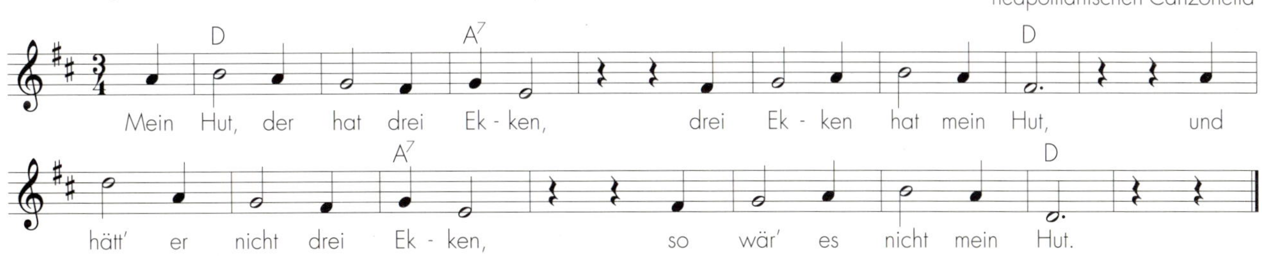

Schickt mich die Mutter

Aus Norwegen · Nachdichtung: Barbara Heuschober

2. Über den Graben, da ist es entwichen,
läuft durch die Wiese und läuft bis zum Teich;
da kommt der Fuchs aus dem Walde geschlichen,
schnappt sich das Huhn und verschluckt es sogleich.
Pack der Teufel dich am Kragen,
oh, was werd ich der Mutter nur sagen?
Nun darf ich nimmer nach Hause mich wagen,
nun darf ich nimmer nach Hause zurück.

3. Jetzt werd ich Körner zur Mühle hintragen,
bring einen Sack voller Mehl dann nach Haus,
und zu der Mutter, da werde ich sagen:
„Koch eine süße Suppe daraus!"
Sind wir beide dann satt gegessen,
hat auch die Mutter das Hühnchen vergessen:
dann darf ich wieder nach Hause mich wagen,
dann darf ich wieder nach Hause zurück.

Zieh deine Stiefel an

Worte und Melodie: Walther Pudelko

2. Hörst, wie der Vogel singt? Singt ja so schön.
|: Sing du nur auch, sing du nur auch, sing nur und spiel. :|

3. Wie ist die Welt so weit und ist so schön!
|: Wirst ja nicht klug, wirst ja nicht klug, willst sie nicht sehn! :|

4. Strophe wie die 1. Strophe

Seht, Maria ist gefangen

Aus Griechenland
Nachdichtung: Karl Haus

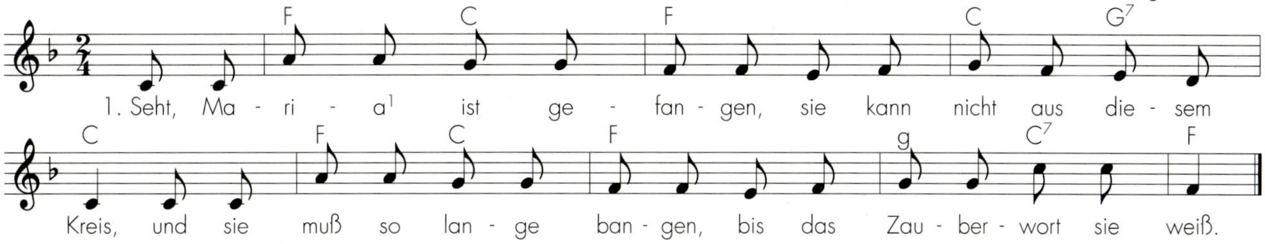

2. Bist gefangen hier im Garten,
   unser Zaun, der hat kein Loch,
   willst du nicht mehr länger warten,
   sag das Wörtlein, sag es doch.

[1] Auch andere Namen einsetzen

Aufstellung im Stirnkreis. Ein Spieler führt eine Bewegung aus; das vom Kreis eingeschlossene Kind muß das „richtige Wort" erraten. Bei richtiger Lösung erfolgt Wechsel der Spieler.

Sprechkanon

Andreas Unterumsberger

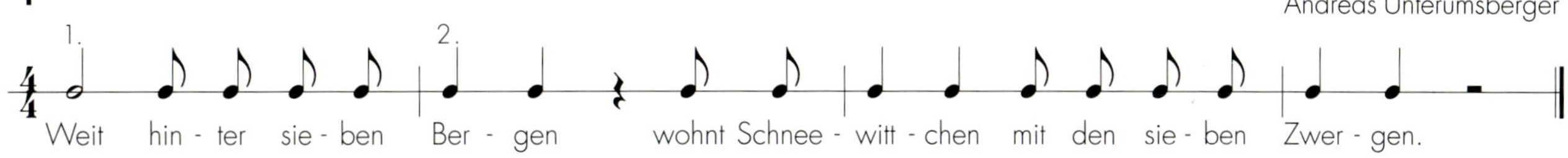

Uhu-Lied

Worte und Melodie:
Gerda Bächli

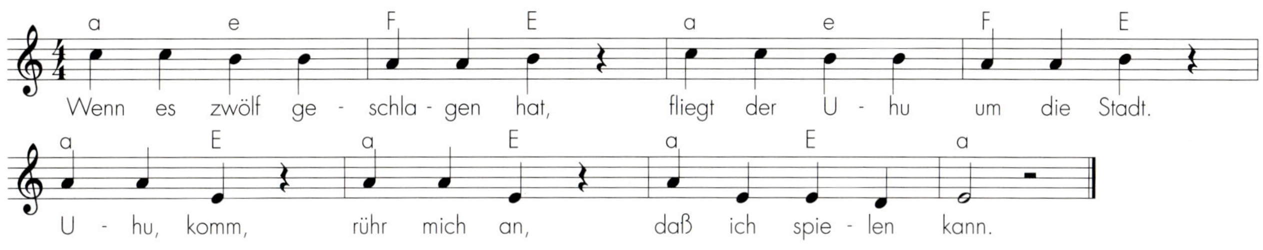

Nachts fliegt der Uhu um die Glockentürme der Stadt. Streift er einen Glockenturm mit seinen Flügeln, so fängt dieser an zu spielen.
Alle Kinder singen die Liedstrophe. Dann zählt ein Kind langsam bis 12. Der Uhu erwacht und fliegt zwischen den still dastehenden Glockentürmen umher. Berührt er einen Glockenturm, so darf dieser auf einem in der Mitte stehenden Glockenspiel frei spielen.

Man kann auch eine andere Uhrzeit als 12 verabreden.

Guten Morgen

Worte und Melodie:
Ilse Jahreis

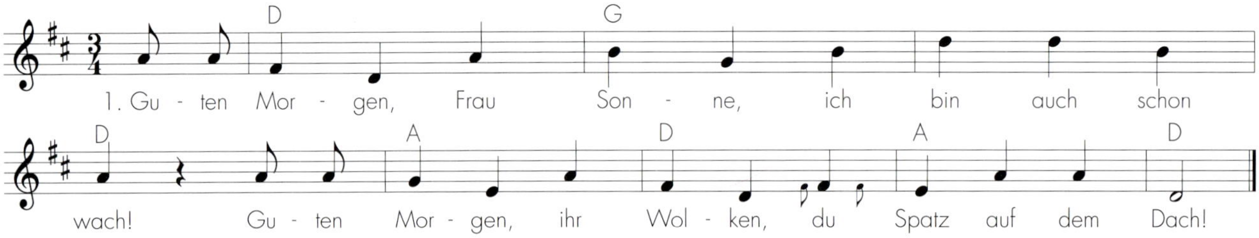

2. Guten Morgen, ihr Bäume,
ihr Blumen vorm Haus!
Wie sie nicken und winken!
Gleich komm ich hinaus!

3. Guten Morgen, du schöner,
du sonniger Tag!
Gibt es heut einen Menschen,
der nicht fröhlich sein mag?

Der Morgen

Aus England
Nachdichtung: Franz Möckl

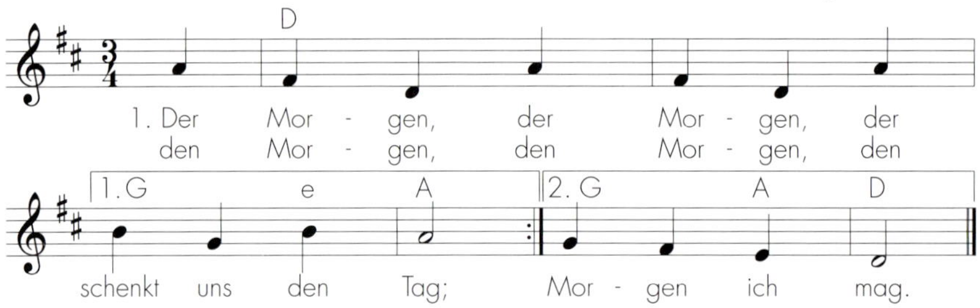

2. Der Morgen, der Morgen, der weiß, was er tut:
Am Morgen, am Morgen, am Morgen geht's gut.

3. Der Morgen, der Morgen die Menschen erfreut,
ein Morgen, ein Morgen, ein Morgen wie heut.

Das Lied stammt aus England. Dort singen die Kinder es so:
Good morning, good morning, good morning to you!
Good morning, good morning, oh, how do you do?

Leise, Peterle, leise

Worte: Paula Dehmel
Melodie: Rolf Zimmermann

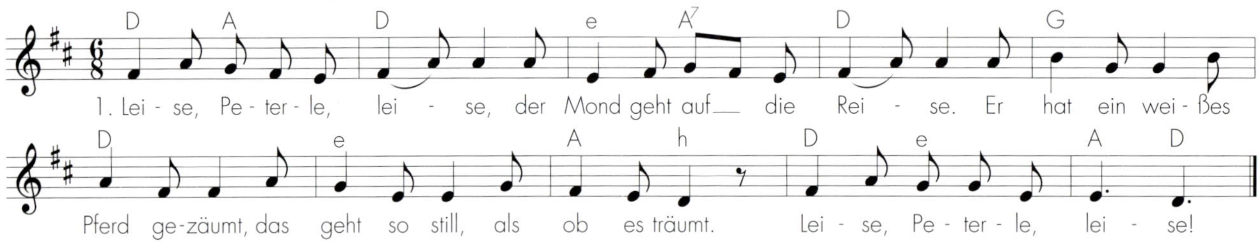

2. Stille, Peterle, stille,
der Mond hat eine Brille.
Ein graues Wölkchen schob sich vor,
das sitzt ihm grad auf Nas und Ohr.
Stille, Peterle, stille!

3. Träume, Peterle, träume,
der Mond guckt durch die Bäume.
Ich glaube gar, nun bleibt er stehn,
um Peterle im Schlaf zu sehn.
Träume, Peterle, träume!

Der Sommer, der Sommer

Aus dem Rheinland
Strophenergänzung: Gottfried Wolters

2. Was gestern grün, vergeht geschwind,
und durch die Wälder fährt der Wind.

3. Der Herbstwind hat sich eingestellt,
er jagt die Blätter übers Feld.

4. Die Welt will weißes Kleid anziehn,
die Sonn' darf nicht mehr früh aufstehn.

Der Herbst ist da

Worte und Melodie:
Hans R. Franzke

2. Der Herbst, der Herbst, der Herbst ist da!
Er bringt uns Obst, hei hussassa!
Macht die Blätter bunter,
wirft die Äpfel runter.

3. Der Herbst, der Herbst, der Herbst ist da!
Er bringt uns Wein, hei hussassa!
Nüsse auf den Teller,
Birnen in den Keller.

4. Der Herbst, der Herbst, der Herbst ist da!
Er bringt uns Spaß, hei hussassa!
Rüttelt an den Zweigen,
läßt den Drachen steigen.

Sprechkanon

Rüdiger Sell

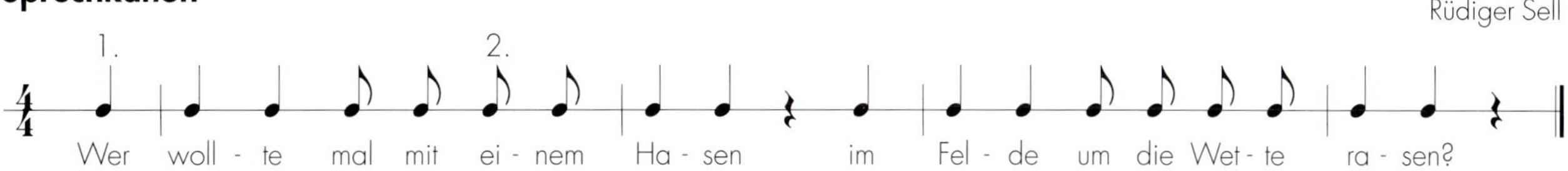

Wenn der frische Herbstwind weht

Worte: Albert Sixtus
Melodie: Richard Rudolf Klein

2. Und er wackelt mit dem Ohr, wackelt mit dem Schwänzchen.
Und er tanzt den Wolken vor, hui, ein lustig Tänzchen.

Purzelbaumdrachen

Worte: Werner Lindemann · Melodie: Werner Richter

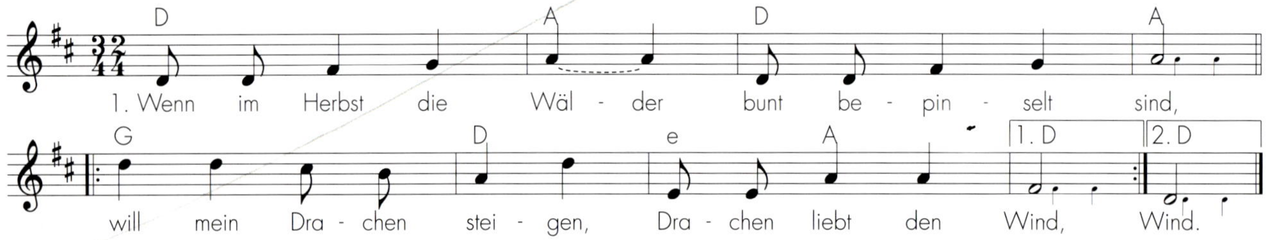

2. Drachen liebt die Wolke mit den Plusterbacken,
wird die Wolke haschen, in die Backen zwacken.

3. Schreit die Wolke: „Auuuu!", seht ihr meinen Drachen
Purzelbäume schlagen und vor Freude lachen.

Fliege, Schwälbchen, weit

Melodie: Otto Rödl · Nachdichtung (nach dem tschechischen Text von J. V. Sladek): Hans Ruß · 2. und 3. Strophe: Marianne Graefe

2. Flieg ins ferne Land, dir ist's wohlbekannt.
Wenn wir hier den Schneemann bauen,
wirst du hohe Palmen schauen,
immergrünen Wald.

3. Wenn der Schnee zergeht, Frühlingswind schon weht,
wenn die Vögel singen Lieder,
sehn wir auch das Schwälbchen wieder.
Wäre das doch bald!

Laßt uns froh und munter sein

2. Dann stell ich den Teller auf,
Niklaus legt gewiß was drauf.

3. Wenn ich schlaf, dann träume ich:
Jetzt bringt Niklaus was für mich.

4. Wenn ich aufgestanden bin,
lauf ich schnell zum Teller hin.

5. Niklaus ist ein guter Mann,
dem man nicht g'nug danken kann.

Alle Jahre wieder

Worte: Wilhelm Hey

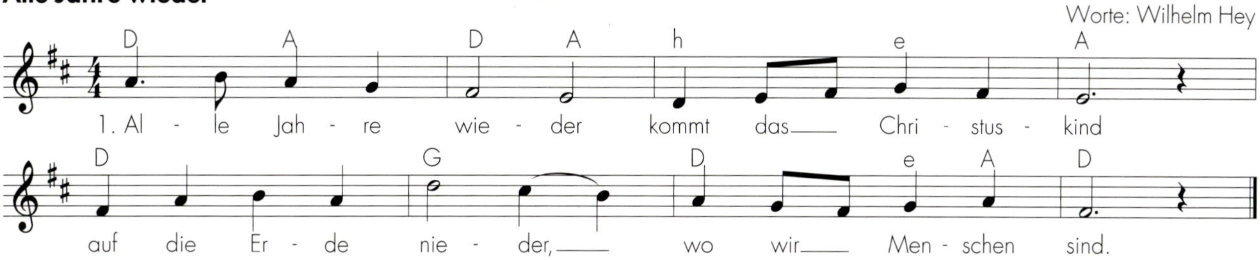

2. Kehrt mit seinem Segen
ein in jedes Haus,
geht auf allen Wegen
mit uns ein und aus.

3. Ist auch mir zur Seite
still und unerkannt,
daß es treu mich leite
an der lieben Hand.

Bald nun ist Weihnachtszeit

Worte: Carola Wilke
Melodie: Hans Helmut

2. Horch nur, der Alte klopft draußen ans Tor,
mit seinem Schimmel, so steht er davor.

3. Leg ich dem Schimmelchen Heu vor das Haus,
packt gleich der Ruprecht den großen Sack aus.

4. Pfeffernüss', Äpfelchen, Mandeln, Korinth',
alles das schenkt er dem guten Kind.

Ihr Kinderlein, kommet

Worte: Christoph von Schmid · Melodie: Johann Abraham Peter Schulz

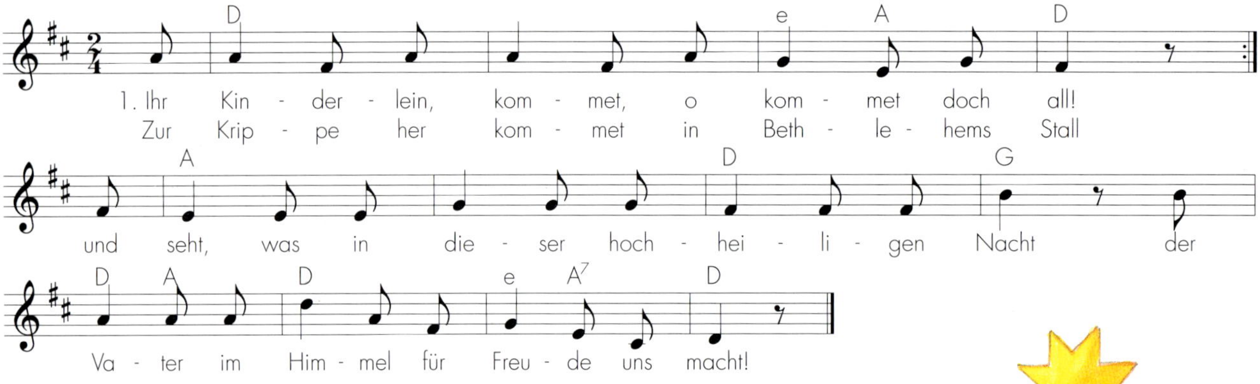

2. Da liegt es, das Kindlein,
auf Heu und auf Stroh.
Maria und Josef
betrachten es froh.
Die redlichen Hirten
knien betend davor,
hoch oben schwebt jubelnd
der Engelein Chor.

3. O beugt wie die Hirten
anbetend die Knie!
Erhebet die Hände
und danket wie sie!
Stimmt freudig, ihr Kinder –
wer wollt sich nicht freun –,
stimmt freudig zum Jubel
der Engel mit ein!

Was soll das bedeuten

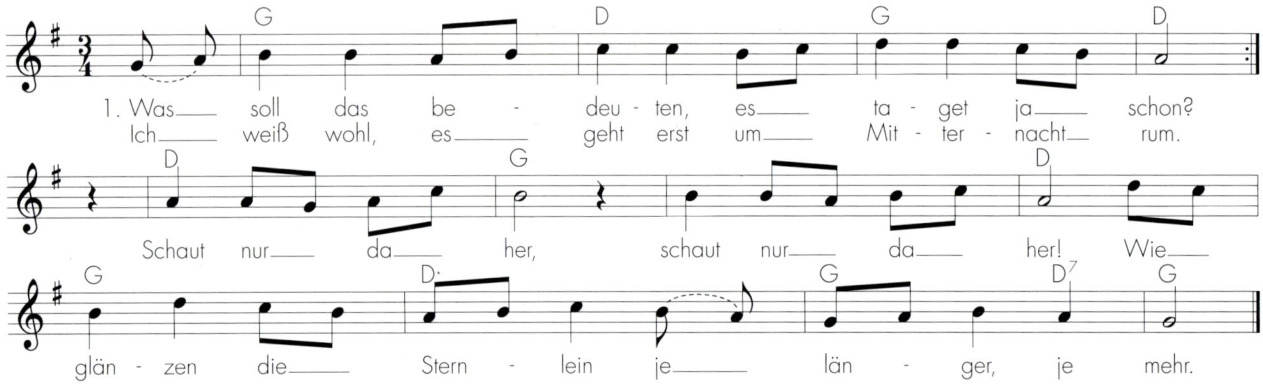

2. Treibt zusammen, treibt zusammen die Schäflein fürbaß!
Treibt zusammen, treibt zusammen, dort zeig ich euch was!
|: Dort in dem Stall :| werd't Wunderding' sehen, treibt zusammen einmal!

3. Ich hab nur ein wenig von weitem geguckt,
da hat mir mein Herz schon vor Freuden gehupft:
|: Ein schönes Kind :| liegt dort in der Krippe bei Esel und Rind.

4. So gehet und nehmet ein Lämmlein vom Gras,
und bringet dem schönen Christkindelein was!
|: Geht nur fein sacht, :| daß ihr auch dem Kindlein kein Unruh nicht macht.

Kling, Glöckchen, kling

Worte: Karl Enslin

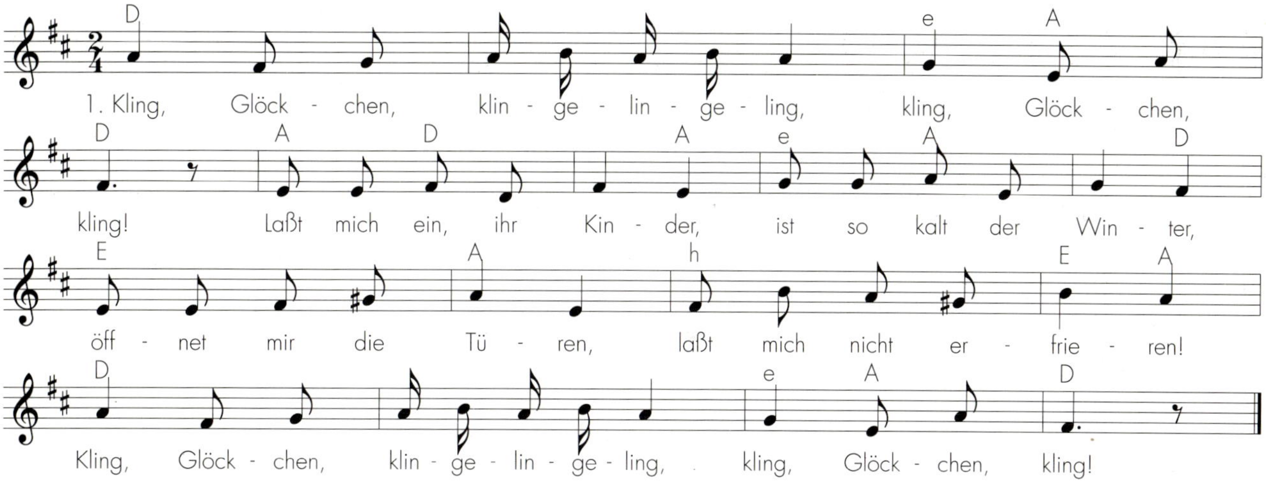

2. Kling, Glöckchen …
Mädchen hört und Bübchen,
macht mir auf das Stübchen!
Bring euch milde Gaben,
sollt euch dran erlaben.
Kling, Glöckchen …

3. Kling, Glöckchen …
Hell erglühn die Kerzen,
öffnet mir die Herzen!
Will drin wohnen fröhlich,
frommes Kind, wie selig!
Kling, Glöckchen …

O Tannenbaum

Worte: Ernst Anschütz

2. O Tannenbaum, o Tannenbaum,
du kannst mir sehr gefallen!
Wie oft hat schon zur Weihnachtszeit
ein Baum von dir mich hoch erfreut!
O Tannenbaum, o Tannenbaum,
du kannst mir sehr gefallen!

3. O Tannenbaum, o Tannenbaum,
dein Kleid will mich was lehren:
Die Hoffnung und Beständigkeit
gibt Trost und Kraft zu jeder Zeit.
O Tannenbaum, o Tannenbaum,
dein Kleid will mich was lehren.

Hirtenmusik

Blockflöten – lebhaft

Streichinstrumente – ruhig

Fürchtet euch nicht! Euch ist heute der Heiland geboren!
Ihr werdet finden das Kind in Windeln gewickelt und in einer Krippe liegen.

2. Er sagt, es soll geboren sein zu Bethlehem ein Kindelein, des bin ich froh …

3. Er sagt, das Kind läg da im Stall und sollt die Welt erlösen all, des bin ich froh …

Josef, lieber Josef mein

Aus dem 14. Jahrhundert

Wiegenlied

▶ Dieses Wiegenlied könnt ihr selbst musizieren.

95 Orff/Keetman: Die Weihnachtsgeschichte (Ausschnitte)

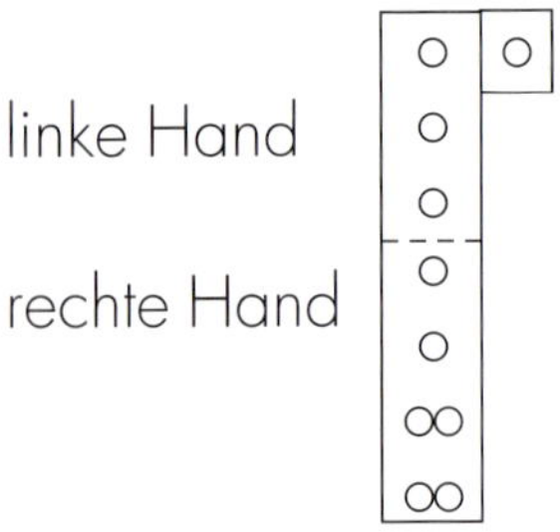

Setzt die Flöte an die Lippen, blast die Luft mit einem leichten Zungenstoß hinein: dü - dü! Die linke Hand ist oben, der Daumen – wenn er gebraucht wird – auf dem hinteren Griffloch.
Den Daumen der rechten Hand braucht ihr als Stütze.

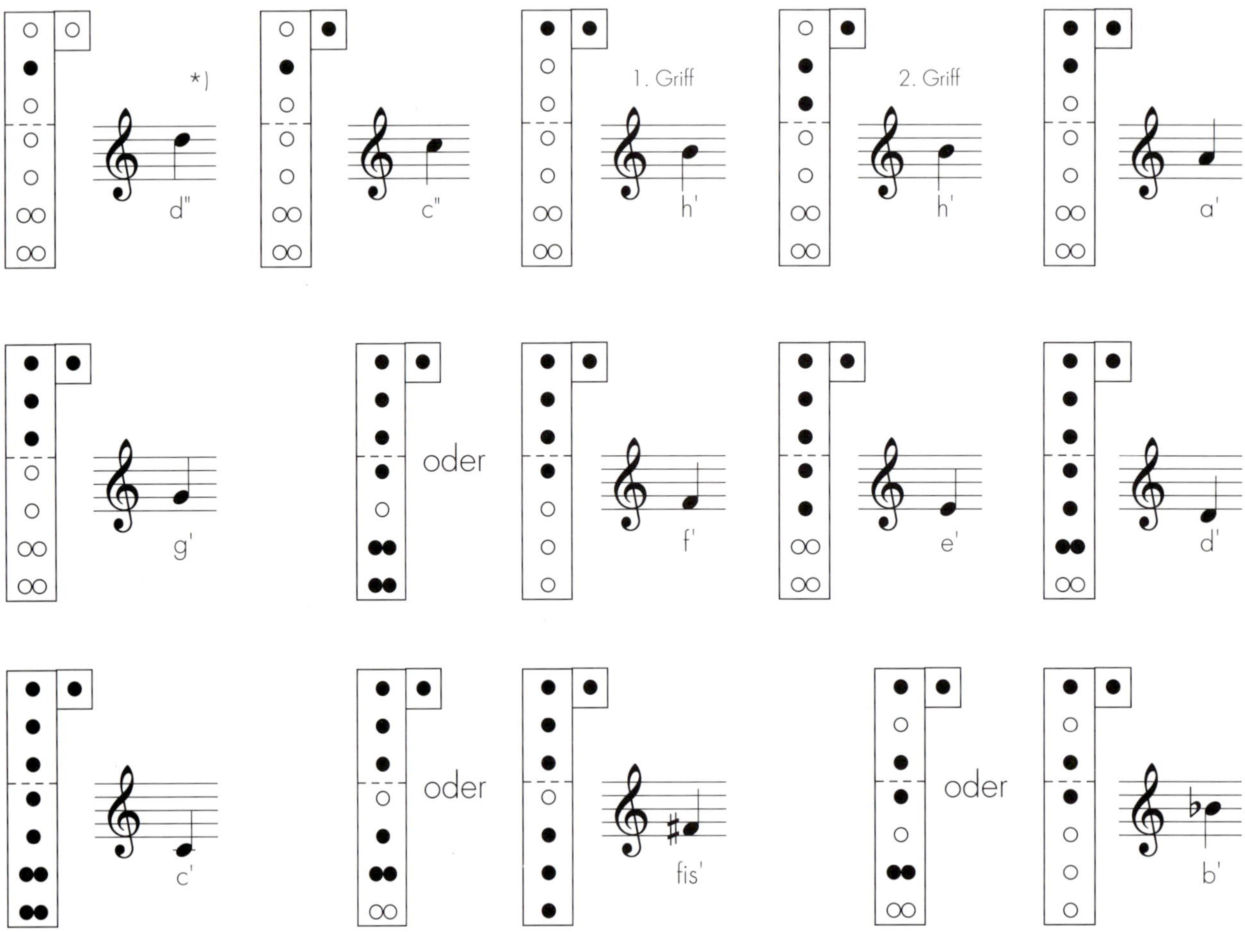

*) Die Töne klingen eine Oktave höher als notiert.
Je nach Beschaffenheit der Flöte müssen einzelne Griffe korrigiert werden.

Seite

28 A, a, a, der Winter, der ist da
84 A b c d e f g
109 Alle Jahre wieder
112 Als ich bei meinen Schafen wacht
30 Auf der Mauer auf der Lauer
102 Auf unsrer Wiese gehet was

109 Bald nun ist Weihnachtszeit
88 Bruder Jakob

63 Das Auto von Lucio
107 Der Herbst ist da
102 Der Kuckuck und der Esel
106 Der Morgen, der Morgen
107 Der Sommer, der Sommer
40 Der Verkehr hat drei Gesichter
97 Dick und rund
17 Die Bären brummen
73 Die Hexenmutter sagte
99 Die kleinen Weidenkätzchen
15 Die Tausendschönchen

99 Eh' noch der Lenz beginnt
19 Ein kleines graues Eselchen
51 Ein Schneider fing 'ne Maus
75 Eisenbahn, Eisenbahn
47 Ei, so wickeln wir
67 Ene, mene, minke mank
25 Es geht ein Rundgesang
33 Es war eine Mutter
45 Es war einmal ein Schneider

108 Fliege, Schwälbchen, weit
96 Frau Holle, es ist Winter
96 Frau Holle, Frau Holle

11 Gar nicht so weit
35 Gestern abend ging ich aus
6 Guten Morgen, ein neuer Tag

Seite

106 Guten Morgen, Frau Sonne
22 Guten Morgen, vorbei ist die Nacht

101 Happy birthday to you
76 Hast du schon gehört von der Sieben
14 Heraus aus den Betten
37 Hinter unserm Ofen
74 Hol dein Fahrrad aus dem Keller
89 Hört im Dorf die Flöte klingen

34 Ich bin ein Musikante
50 Ich weiß ein Kätzchen wundernett
59 Ihr Blätter, wollt ihr tanzen
110 Ihr Kinderlein, kommet

113 Josef, lieber Josef mein

111 Kling, Glöckchen
48 Komm, mein Pferdchen
103 Kommt die liebe Sommerszeit
42 Komm zu mir

109 Laßt uns froh und munter sein
106 Leise, Peterle, leise
101 Liebe Mutter, wir bringen dir heut

102 Meine Blümchen haben Durst
103 Mein Hut, der hat drei Ecken
70 Mit meinem Mädele
55 Mutter gab mir eine Krone

111 O Tannenbaum

39 Pferde laufen hopp, hopp, hopp

59 Regen, Regen
6 Rinke, ranke, Rosenschein
77 Ritsch, ratsch, rumdibum

100 Schaut nur, schaut
104 Schickt mich die Mutter

Seite

97 Schneemann baun und Schneeball-schlacht
54 Schöne Namen suchen wir
100 Seht am Haus die kleine Schwalbe
38 Seht ihr die alte Mühle stehn
105 Seht, Maria ist gefangen
31 Sieben kleine Bären
8 Spannenlanger Hansel
53 Stup dale

52 Tags in unserm Dorfe
67 Tanz, tanz, Gretelein
50 Tau fällt auf die Wiese
103 Trarira, der Sommer, der ist da

95 Wandern in der Sommerzeit
21 Was macht meine kleine Geige
110 Was soll das bedeuten
101 Weil heute dein Geburtstag ist
60 Weißt du, wieviel Sternlein stehen

Seite

105 Weit hinter sieben Bergen
108 Wenn der frische Herbstwind weht
105 Wenn es zwölf geschlagen hat
98 Wenn Fastnacht ist
108 Wenn im Herbst die Wälder
29 Wer das Abc gelernt
22 Wer hat die schönsten Schäfchen
107 Wer wollte mal mit einem Hasen
23 Wind, Wind, blase
99 Winter, ade
97 Winter, du toller Mann
92 Wir sind die Meisterdetektive
98 Wir singen mal gemeinsam
7 Wir tanzen Labata
83 Wir wollen diesen Sommer mal nach Holland gehn
66 Wir wollen heute lachen üben

104 Zieh deine Stiefel an
101 Zum Geburtstag viel Glück
14 Zusammenfallen, aufrichten

Verzeichnis der Hörbeispiele

Hörbeispiel

1 Ein Hörspaziergang, Beispiele a und b
2 „Rinke, ranke, Rosenschein", Kinderchor
3 Rhythmusinstrumente a) einzeln, b) im Klangfeld
4 Musik zur Charakterisierung von Tier-bewegungen
5 Volkstanz „Hahn im Korb", Akkordeon
6 Kinderstimmen: singen, sprechen, flüstern, rufen, lachen, summen
7 Begleitmusik zum Gehen
8 „Ein kleines graues Eselchen", Instrumentalgruppe

Hörbeispiel

9 „Zagraj nam rejku" (Ausschnitt), Chor mit Instrumentalbegleitung
10 Gunther Erdmann: „Drehorgelstücklein" (Ausschnitt), Instrumentalgruppe
11 Straßenmusikanten aus Lateinamerika
12 Orgelspiel und Gemeindegesang in der Kirche
13 Gerhard Schöne: „Lügenlied"
14 Musik im Zirkus
15 Volkstanz „Schnadahüpfl", Blockflöte
16 Matteo Carcassi: „Hopser", Gitarre
17 Reinhold Krug: „Kleiner Marsch", Instrumentalgruppe

Hörbeispiel

18 Gaspar Sanz: „Canarios", Gitarre
19 „In einem kleinen Apfel", Sologesang mit Instrumentalbegleitung
20 Edvard Grieg: „Morgenstimmung" aus der „Peer-Gynt-Suite Nr. 1" (Ausschnitt)
21 „Wer hat die schönsten Schäfchen", Sologesang mit Instrumentalbegleitung
22 Robert Schumann: „Kleiner Morgenwanderer"
23 Robert Schumann: „Kind im Einschlummern"
24 Beispiele für unterschiedliche Tonfolgen: a) zu den Abbildungen, b) zum weiteren Üben
25 Beispiel für Wechsel von Soloinstrument und Gruppe (Rondo)
26 „Tanz mit mir", Kinderchor mit Instrumentalbegleitung
27 Lothar Voigtländer: „Spaziergang", Instrumentalgruppe
28 „Und wer im Frühling geboren ist", Kinderchor mit Instrumentalbegleitung Hörbeispiel
29 Klangbeispiele Geige
30 Ludwig van Beethoven: Konzert für Violine und Orchester D-Dur op. 61, 3. Satz (Ausschnitt)
31 Klangbeispiele Trompete
32 Joseph Haydn: Konzert für Trompete und Orchester Es-Dur, 1. Satz (Ausschnitt)
33 Johann Wilhelm Hertel: Concerto Nr. 2 Es-Dur für Trompete, Streichorchester und Basso continuo, 3. Satz
34 „Gestern abend ging ich aus", Kinderchor/Solostimme
35 „Wenn ich ein Vöglein wär", Solostimme/Kinderchor

Hörbeispiel

36 „Was haben die Gänse für Kleider an", Kinderchor/Solostimme mit Instrumentalbegleitung
37 „Hinter unserm Ofen", Kinderchor mit Instrumentalbegleitung
38 Bernd Wefelmeyer: „Harlekins Tanz", Instrumentalgruppe
39 „Seht ihr die alte Mühle stehn", Instrumentalgruppe
40 Leopold Mozart: Kindersinfonie, 3. Satz
41 Gunther Erdmann: „Hopp, hopp, ho", Instrumentalgruppe
42 „Der Verkehr hat drei Gesichter", Kinderchor mit Instrumentalbegleitung
43 „Komm zu mir", Instrumentalgruppe
44 „Heißa, Kathreinerle", Kinderchor mit Instrumentalbegleitung
45 „Süße Orangen", Instrumentalgruppe
46 Claude Debussy: Prélude à l'Après-midi d'un faune (Ausschnitt)
47 Camille Saint-Saëns: „Der Elefant" aus „Karneval der Tiere"
48 Klangbeispiele Querflöte
49 Klangbeispiele Kontrabaß
50 Wolfgang Amadeus Mozart: Konzert Nr. 2 D-Dur für Flöte und Orchester KV 314, 3. Satz (Ausschnitt)
51 „Ei, so wickeln wir", Instrumentalgruppe
52 „Ich weiß ein Kätzchen wundernett", Kinderchor mit Instrumentalbegleitung
53 „Tau fällt auf die Wiese", Kinderchor Hörbeispiel
54 „Stup dale", Kinderchor mit Instrumentalbegleitung
55 Klangbeispiele Klarinette
56 Wolfgang Amadeus Mozart: Konzert für Klarinette und Orchester A-Dur KV 622, 3. Satz (Ausschnitt)

Hörbeispiel

57 Klangbeispiele Horn
58 Richard Strauss: Konzert für Horn und Orchester Es-Dur op. 11 Nr. 1, 1. Satz (Ausschnitt)
59 „Ein Männlein steht im Walde", verschiedene Instrumente
60 „Sniderdanz", Instrumentalgruppe
61 „Bauerntanz", Instrumentalgruppe
62 „Regen, Regen", Solostimme/Kinderchor mit Instrumentalbegleitung
63 Georg Friedrich Händel: Konzert für 2 Hörner und Orchester F-Dur
64 „Didel, dudel, didel", Kinderchor
65 „Das Auto von Lucio", Kinderchor
66 „Auf unsrer Wiese gehet was", Kinderchor
67 „Dilido", Kinderchor
68 Hanns Eisler: „Vierundzwanzig Schneider", Frauenchor
69 Hanns Eisler: „Pussy cat", Frauenchor
70 Carl Maria von Weber: Jägerchor aus der Oper „Der Freischütz" (gekürzt), Männerchor
71 „Ging auf den Jahrmarkt ein Bäuerlein", gemischter Chor
72 Leopold Mozart: aus „Musikalische Schlittenfahrt", a) „Die Schlittenfahrt" (Nr. 3), b) „Der Kehraus" (Nr. 11)
73 Leopold Mozart: aus „Musikalische Schlittenfahrt" – „Menuett" (Nr. 10)
74 „Hol dein Fahrrad aus dem Keller", Kinderchor mit Instrumentalbegleitung
75 „Siebensprung", Instrumentalgruppe
76 Edvard Grieg: aus „Lyrische Stücke" a) „Schmetterling", b) „An der Wiege", c) „Kobold"
77 Wolfgang Amadeus Mozart: Konzert für Klavier und Orchester d-Moll KV 466, 2. Satz (Ausschnitt)

Hörbeispiel

78 Camille Saint-Saëns: aus „Karneval der Tiere", a) Wilde Esel, b) Der Elefant, c) Das Aquarium, d) Das Vogelhaus
79 „Wir wollen diesen Sommer mal nach Holland gehn", Instrumentalgruppe
80 „A b c d e f g...", 2 Kinderstimmen
81 Wolfgang Amadeus Mozart: aus Variationen über „Ah, vous dirai-je, maman" (Thema, Variation III, Variation VI)
82 Beispiele für instrumentale Zweistimmigkeit: a) Violine/Querflöte, b) Querflöte/Horn, c) Trompete/Klarinette, d) Klarinette/Horn
83 Carl Orff/Gunild Keetman: Kanon für Flöten und Trommeln
84 Wolfgang Amadeus Mozart: Menuett G-Dur, Cembalo
85 Wolfgang Amadeus Mozart: „Komm, lieber Mai"
86 Robert Schumann: „Fröhlicher Landmann"
87 Robert Schumann: „Ritter vom Steckenpferd"
88 Robert Schumann: „Knecht Ruprecht"
89 „Bruder Jakob", Kinderchor
90 Thomas Natschinski: „Der Flötenspieler", Instrumentalgruppe
91 Modest Mussorgski: „Ballett der Küchlein in ihren Eierschalen" aus „Bilder einer Ausstellung", a) Klavier, b) Orchester, c) Synthesizer
92 „Katz und Maus", Instrumentalgruppe
93 „Klatsch-Kontra", Instrumentalgruppe
94 „Rühler Springer", Instrumentalgruppe
95 Carl Orff/Gunild Keetman: Weihnachtsgeschichte (Ausschnitte)

Interpreten der Hörbeispiele siehe Lehrerband zu „Musikus 1/2"

Seite	Lieder
6	Rinke, ranke, Rosenschein: „Mutter Sonne"; Bärenreiter-Verlag, Kassel und Basel
14	Heraus aus den Betten: „Willkommen, lieber Tag", Bd. 1; Verlag Moritz Diesterweg, Frankfurt a. M.
17	Die Bären brummen: „Was denkt die Maus am Donnerstag?"; Georg Bitter Verlag, Recklinghausen
22	Guten Morgen, vorbei ist die Nacht: „Der Berliner Musikant"; Verlag Merseburger, Kassel
23	Wind, Wind, blase: „Kinder musizieren", Heft 7; Fidula-Verlag, Boppard
31	Sieben kleine Bären: „Die Zugabe", Bd. 3; Fidula-Verlag, Boppard
37	Hinter unserm Ofen: „Singt alle mit!"; Domowina-Verlag, Bautzen
38	Seht ihr die alte Mühle: „Mein Liedersack"; Strube Verlag, München
40	Der Verkehr hat drei Gesichter: „Lieder aus dem Butzemannhaus"; Friedrich Hofmeister Musikverlag, Leipzig
48	Komm, mein Pferdchen: „Die Zugabe", Bd. 1; Fidula-Verlag, Boppard
50	Tau fällt auf die Wiese: „Liederkutsche"; Cornelsen Verlag/Hirschgraben, Frankfurt a. M.
54	Schöne Namen suchen wir: „Ludi musici", Bd. 3; Fidula-Verlag, Boppard
59	Regen, sei so gut: „Die Sonnenblume"; Fidula-Verlag, Boppard
66	Wir wollen heute lachen üben (Worte): „Die Liederwiese"; Don Bosco Verlag, München
74	Hol dein Fahrrad: „Die Liederkommode"; Schrödel Verlag, Hannover
75	Eisenbahn, Eisenbahn: „Kunterbunt"; Fidula-Verlag, Boppard

Seite	Lieder
95	Wandern in der Sommerzeit: „Erstes Liederbuch"; Musikverlag Helbling, Innsbruck
98	Wir singen mal gemeinsam: „Wie kommt die Maus in die Posaune"; Aktive Musik Verlagsgesellschaft, Dortmund
99	Die kleinen Weidenkätzchen: „Sputnik, Sputnik, kreise"; Friedrich Hofmeister Musikverlag, Leipzig
101	Liebe Mutter, liebe Mutter: „Mein Dudelsack"; Strube Verlag, München
103	Kommt die liebe Sommerszeit: „Tina, Nele und Kathrein"; Möseler Verlag, Wolfenbüttel und Zürich
104	Zieh deine Stiefel an: „Musikanten, die kommen"; Bärenreiter-Verlag, Kassel
104	Schickt mich die Mutter (Nachdichtung): „Pro Musica"; Möseler Verlag, Wolfenbüttel und Zürich
105	Seht, Maria ist gefangen (Nachdichtung): „Lieder überall"; Bayerischer Schulbuch-Verlag, München
105	Wenn es zwölf geschlagen hat: Pelikan-Verlag, Zürich
106	Der Morgen, der Morgen (Nachdichtung): „Musik überall"; Bayerischer Schulbuch-Verlag, München
107	Der Herbst, der Herbst ist da: „Die Zugabe", Bd. 1; Fidula-Verlag, Boppard
107	Der Sommer, der Sommer: „Das singende Jahr"; Möseler Verlag, Wolfenbüttel und Zürich
108	Wenn der frische Herbstwind weht: „Willkommen, lieber Tag", Bd. 1; Verlag Moritz Diesterweg, Frankfurt a. M.

Zeichenerklärung

Klanghölzer

Röhrenholztrommel

Holzblocktrommel

Triangel

Kugelrassel

Päuklein

Schellenring, Schellentrommel

(G) Glockenspiel, Metallophon

x Xylophon

Stabspiel nach Wahl

Rahmentrommel

Becken mit Schlegel

Händeklatschen

Klavier, Keyboard

singen

Hörbeispiele von Tonkassette

▶ Aufgabe, Frage

Zum Unterrichtswerk „Musikus" gehören:

1./2. Schuljahr	*3./4. Schuljahr*
Lehrbuch 1/2	Lehrbuch 3/4
Lehrerband 1/2	Lehrerband 3/4
Kassetten 1/2 (2 Kassetten)	Kassetten 3/4 (3 Kassetten)

Bei der Gestaltung der Fotoszenen wirkten mit:
Schülerinnen und Schüler
der Musikschule Berlin-Treptow,
des Schüler- und Freizeitzentrums Rostock sowie
des Kinderchores „Canzonetta" Berlin.

Fotonachweis
Klaus Dombrowsky, Berlin (soweit nicht anders ausgewiesen)
Bernd Schiemann, Fürstenwalde, S. 20 · Jens Hübner, Berlin, S. 34, S. 46, S. 56 · Steffen Lange, Bautzen, S. 53 · Reinhard Friedrich, Berlin, S. 78 · Archiv für Kunst und Geschichte, Berlin, S. 86 · Fritz Mohr, Berlin, S. 87

ISBN 3-06-150104-5

1. Auflage
5 4 3 2 / 97 96 95 94

Alle Drucke dieser Auflage sind unverändert und im Unterricht parallel nutzbar. Die letzte Zahl bedeutet das Jahr dieses Druckes.

Printed in Germany
Redaktion: Wilfried Behrendt, Andreas Unterumsberger
Satz: Volk und Wissen Verlag GmbH Berlin
Druck: Druckerei H. Heenemann GmbH & Co., Berlin
Notensatz: Computernoten Renate Wirth, Berlin
Einband: Gerhard Medoch (unter Verwendung illustrativer Details von Linde Detlefsen)
Gestaltung des Buches: Christine Wichmann